MENSCHENJAHR 65, HORIZONTE, IDEALISMUS,
ZEITGEISTER, ZUVERSICHT, LIEBE

DIE ERDE, DIE NATUR, ALLES GLEICH, ABER...

Van Gogh mit romantische Gemälde

Die Spiegelung der Sonne übers Wasser

Das war vor vielen, vielen Jahren

Viele Jahre später entspanne ich

über die Wasserspiegelung der Sonne

Oder eben durch das Stadtlicht

Keine Sonne, sondern Nachtlichtkunst

Egal welche Menschen, Techniken

Diese Wasserspiegelung ist ewig

Bis die Menschen die Erde zerstören

Foto: VINCENT VAN GOGH

C P Gerd Steinkoenig 11.11.2024

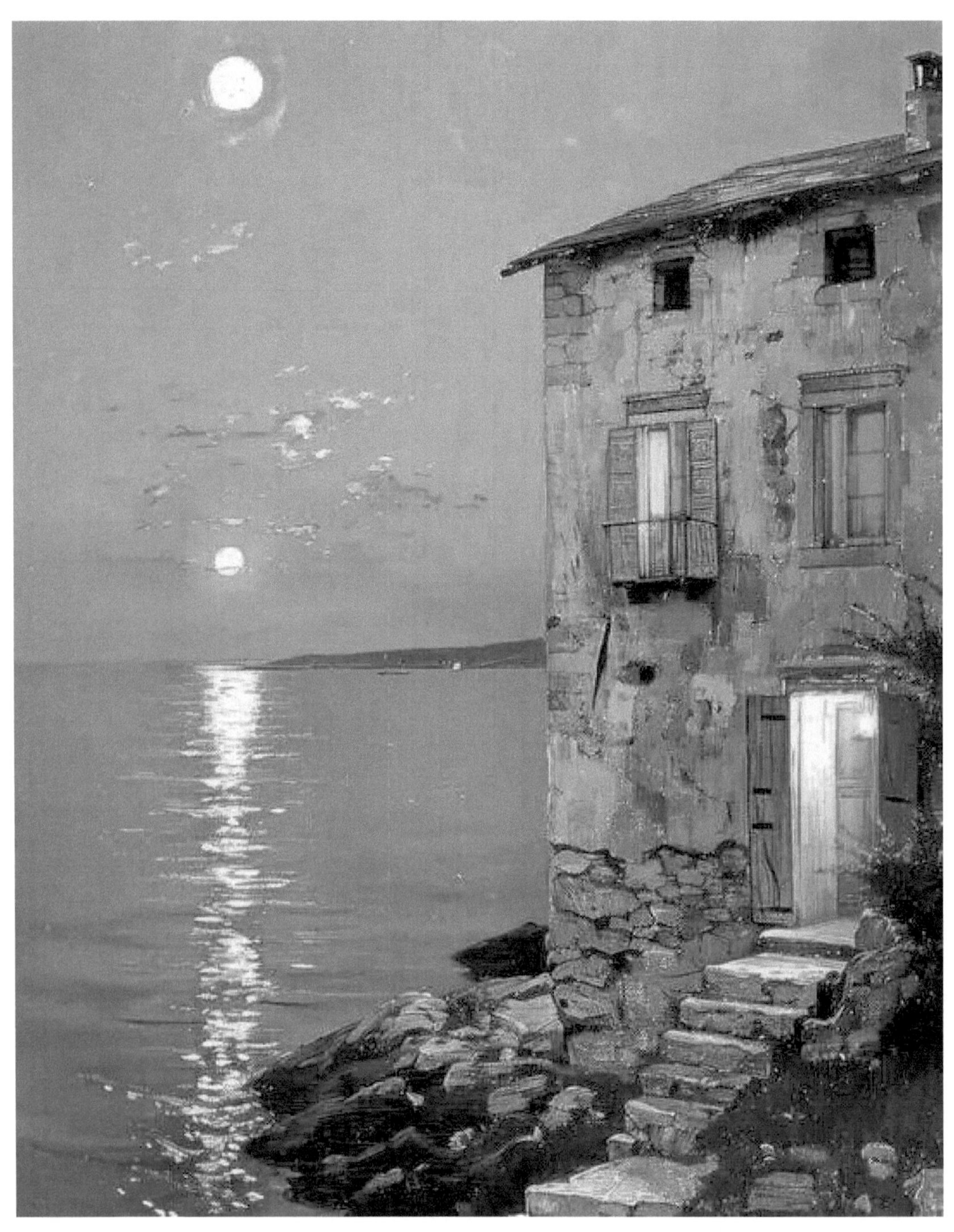

NOT Van Gogh!! Ist KI!! Erst später bei facebook es bemerkt!

Trotzdem diese Wasserspiegelungen, Sonne, Mond...

.

ABSCHIED IN DER NÄCHSTEN ZEIT, WILLKOMMEN IN DIE ZUKUNFSLIEBE

Neues Spielzeug bei meinem LieblingsbaumFoto, hier mit Sound of Silence-Text/Sound steht nach meiner Prosa! Jetzt aber zutexten mit meinen 2 "Pappenheimern: Stefan R. hat irgendwann Anfang 2025 (anscheinend spätestens bis März) seine eigene Psychologie-Praxis. Er war seit ca Oktober 2019 mein Betreuer. Ich hatte natürlich meine eigenen positiven Erfahrungen, Entwicklungen, Fortschritte wegen den Step by Step-Etappen durch meinen Schlaganfall. Aber Stefan R. hatte mich verstanden, er war emphatisch. Er ist eher Kopf als Bauch, aber er wusste mich, zB zu XMas 2023 (ok... Insider...). Jetzt sind es schon 5 Jahre, da war viel mehr Vertrauen, Verständnis. Die 1. Betreuerin war 2018/19, mein Leibarzt starb 2020, meine legendäre Logo ging auch ca 2020 glaub ich, die 2. Ärztin war auch weg (auch 2020). Sie sind ALLE unvergessen (ok, da war noch ein Betreuer namens Pä... Insider...) durch diesen Zeiten und ich kenne alle Hilfen, Statements von "Denk net so viel " (Leibarzt) bis am Magen/Bauch atmen bzw 1 bis 10 und umgekehrt zählen zur Beruhigung (legendary Logo) bis meine "Dates" mit Mrs P (meine 1. Betreuerin). Bei Stefan R. war/ ist es anders. Er hatte erkannt wie ich funktioniere. Ich konnte alles erzählen, labern oder wir hatten ernsthafte Diskussionen (er wusste, das ich hohes IQ-Niveau habe). Bei ihm war im Endeffekt freie Entfaltung. Ich werde ihn vermissen, aber seine Tipps sind auch unvergessen (von reine Gesundheit bis Tagesorganisation etc). Ach ja: die Fotosafaris oder Sommer/Herbst/XmasFeste sind ebenfalls unvergessen... Der zukünftige Betreuer ist auch schon da, anscheinend ist er ok. Am Anfang muss man ja erstmal schnuppern.

Paralell darf ich seit 2023 meine 2. Betreuerin Romina K. unterhalten, unterstützen, helfen und natürlich ist da viel Spaß (von Wrestling bis Taylor Swift...). Im Endeffekt ist sie ein bisschen mütterlich, wenn ich "zucke" dann ist gleich Hilfe. Und Romina liest meine Bücher!! Ganz freiwillig, lach ☺ Paralell ist mein ewiger Ergo dabei (seit 2018). Er ist ruhig, man kann alles reden, er hat immer gute Tipps. Und ich hab mein "Institut". Da wäre ja der nächste Abschied - ich schrieb ja "2 Pappenheimer". Frau Sch. verabschiedet sich am 28. November 2024. Sehr schade! Sie ist die Seele vom "Institut". Von Anfang an war bei mir gleich wow! Sie hatte mich eingeführt in dieser Gemeinschaft. Und Frau Sch war geduldig, als ich einfach mal wochenlang nicht hinging. Am Anfang war für mich war es schwierig zu integrieren. Zu viel, zu laut gebabbelt. Und sie hatte mich dementsprechend "eingestellt". Mittlerweile ist alles ok, ich weiß Bescheid (auch wenn der Eine immer noch das Axxxxxxh ist). Vor wenigen Monaten hatten wir "Krach": nur bei mir - sie meinte "alles klar, da war nix". Es ging um meine Bücher und ich dachte, sie hätte von ihrer Sprache her meine Bücher zerfetzt. Was war? Ich hatte meine eigenen Gedanken diskutiert und ich hatte andere Bücher. Unbewusst hatte ich bessere Books durch Frau Sch (ääh, liebe Leser:innen, die restlichen Books könnt Ihr auch lesen, lach, am Besten bestellen bei #amazon). Ich spielte immer sehr gern mit ihr von Quirkel bis Domino3, Rumikub. Ich vermisse Sie sehr, Frau Sch! In meinem Herzen sind Sie unvergessen!

Tja, die Zukunftsliebe! Zukunftsliebe sind nicht nur meine Lieblingsfrauen (hach, in Hoffnung, oder doch, Schmetterlinge, Feelings, oder einfach nach X oder Y, oder doch nicht wegen AW/LD - Entscheidungen oder doch nicht), Zukunftsliebe sind auch meine Gelassenheit, Meinungen, Wohlbefinden mit meinen Betreuer:innen, Therapeuten, was los ist wenn ich 75 oder 80 bin. Einfach im Jahr 2024 Zukunftsliebe mit positiven Lösungen!

C P 10.11.2024 Gerd Steinkoenig Gerd Stein

Foto: der Autor und KI

Gerd Stein ▶ Gerd Steinkoenig
14 Std. · 👥

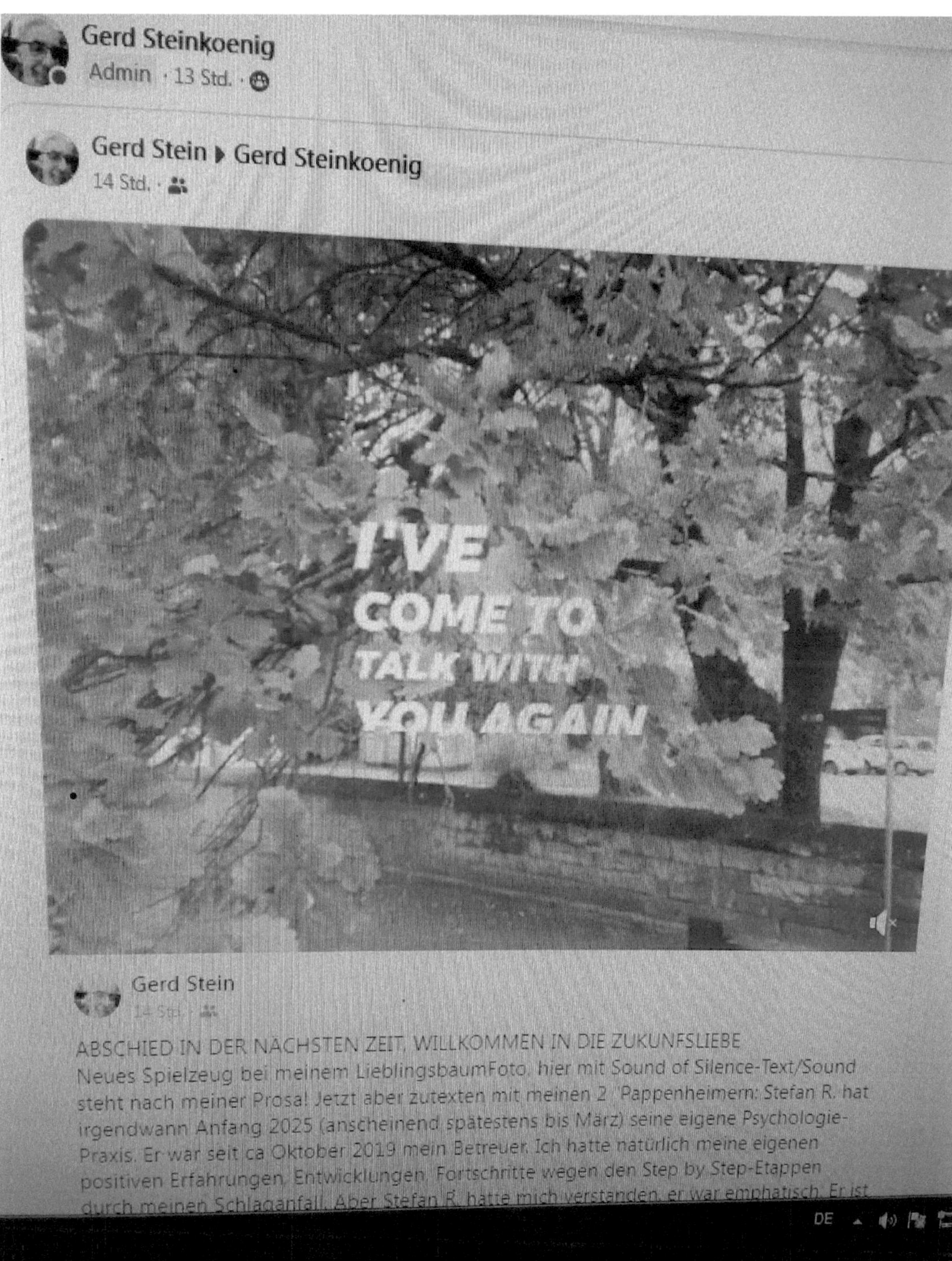

Gerd Stein
14 Std. · 👥

ABSCHIED IN DER NÄCHSTEN ZEIT, WILLKOMMEN IN DIE ZUKUNFSLIEBE
Neues Spielzeug bei meinem LieblingsbaumFoto, hier mit Sound of Silence-Text/Sound
steht nach meiner Prosa! Jetzt aber zutexten mit meinen 2 'Pappenheimern: Stefan R. hat
irgendwann Anfang 2025 (anscheinend spätestens bis März) seine eigene Psychologie-
Praxis. Er war seit ca Oktober 2019 mein Betreuer. Ich hatte natürlich meine eigenen
positiven Erfahrungen, Entwicklungen, Fortschritte wegen den Step by Step-Etappen
durch meinen Schlaganfall. Aber Stefan R. hatte mich verstanden, er war emphatisch. Er ist

DE   ▲ 🔊 📇 🔲

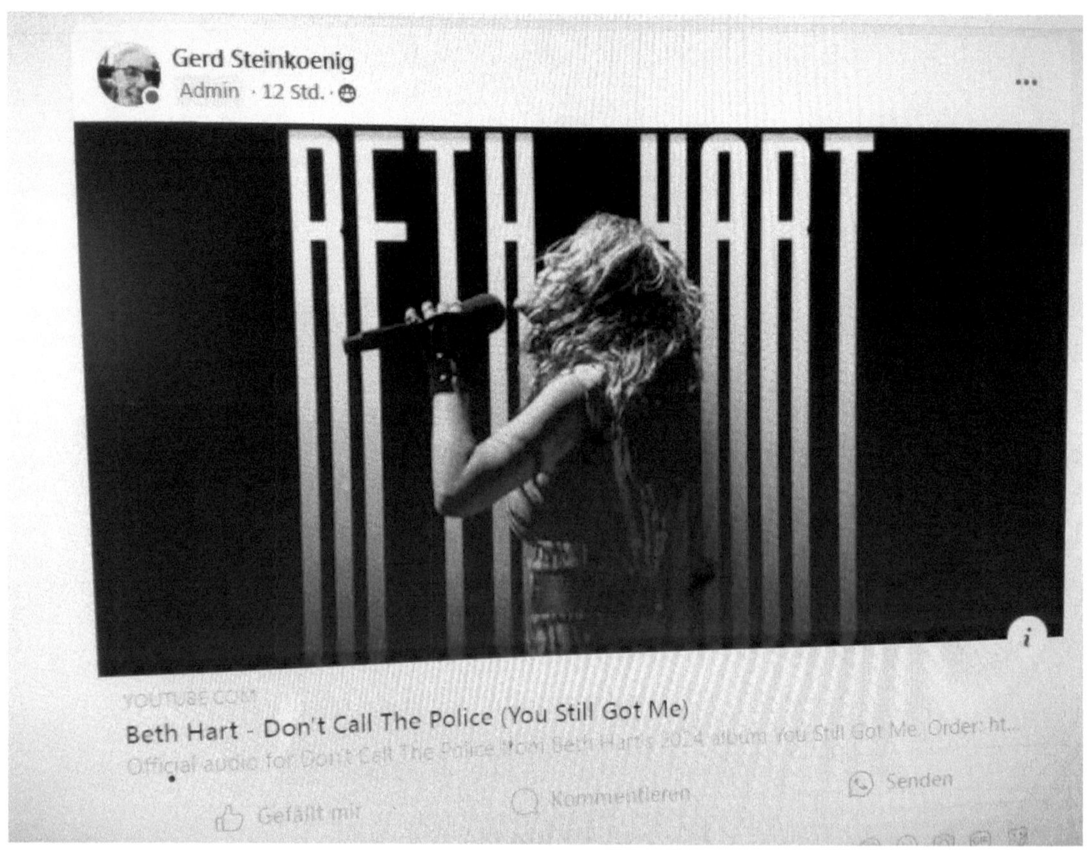

Nicht nur alte Musik, auch mit 65 neuer Sound mit BETH HART aus 2024, die beste Frauenstimme seit vielen Jahren!

CHAOS (UND GENIE)

Mein kleines Dilemma mit meinen Büchern (demnächst! demnächst! NEUES BUCH!): mal wieder ein geiles Fotomotiv, ich habe aber S/W-Fotos in meinen Books - es sei denn

Titelfoto & gegebenenfalls KlappenTXT-Foto mit Farbe. Ich kann es real machen, ist aber booaah-Work! Demnächst checke ich, das doch noch wenigstens 4 oder 5 Fotos dabei wären. Wie dieses Foto... Ich hab tatsächlich sehr viele geile Fotos (schon allein die Fotobände), aber bei mir ist Chaos! Wenn ich das & das Foto (und natürlich bei meinen Lyrics, Prosaen!) sehen wollte, würde ich suchen: pi mal Daumen müsste es sein, dann suche ich dann 3 oder 4 oder 7 oder gar 10 Bücher... Und bei meinen absoluten Lieblingsfotos / Lieblingslyrics hab ich gleich 2 oder 3 oder gar 4 die gleichen Sachen, zB meine Lyrics ZEIT oder LEBENSSONNE oder KÖNIGSPINGUIN oder MEINE 10 LEBEN, zB meine Fotos vom S/W (extra!) Foto AnnweilerBahnhof oder Albersweiler miiten auf der Straße zum Berghang etc. Oder zig Fotos von meinem Lieblingsbaum oder der Marktplatz Landau... Und zig AlbenTop10 oder Songs... Ach ja: ein Bisschen hab ich auch ein paar NOisbnBooks und ich dann: wo ist die Lyric/Foto bei ISBN-Books oder NOisbn... Ich sag ja: CHAOS! Andererseits: Ein Genie behält das Chaos!

C P Gerd Steinkoenig Gerd Stein 10.11.2024

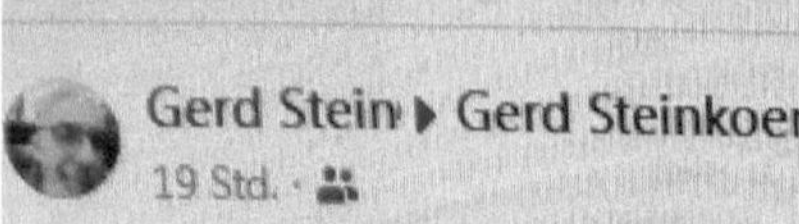

Gerd Stein ▶ **Gerd Steinkoenig**
19 Std. ·

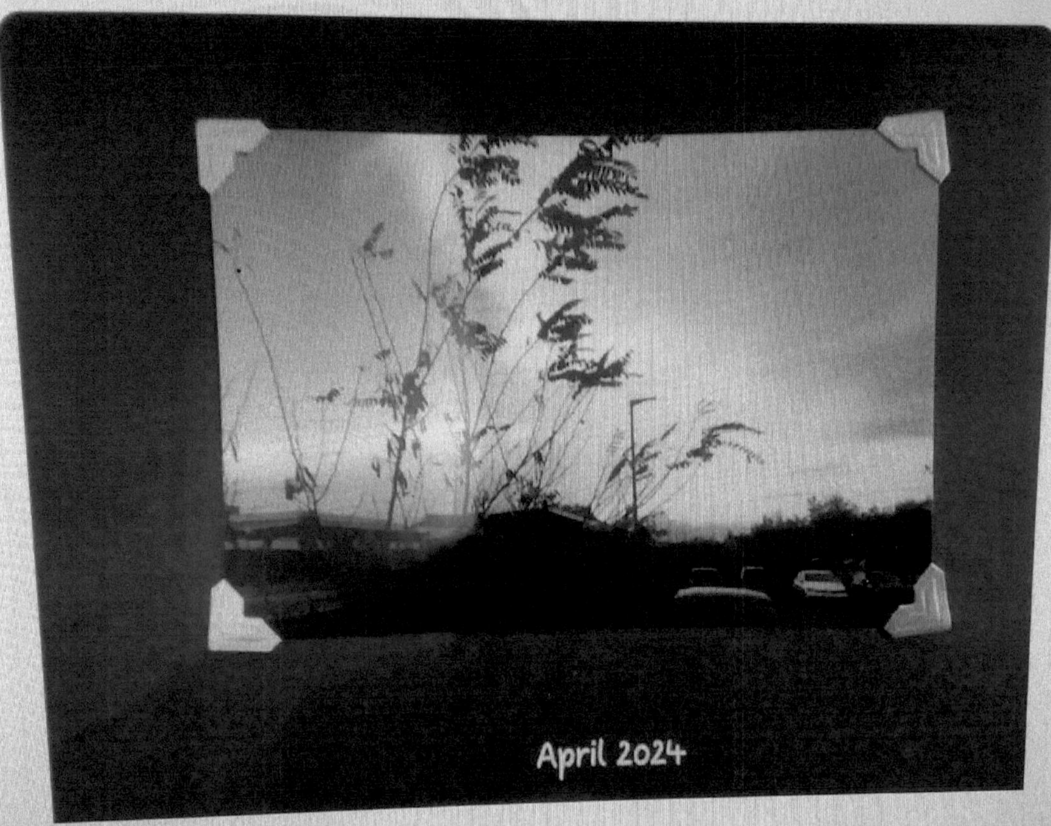

Gerd Stein
19 Std. ·

CHAOS (UND GENIE)
Mein kleines Dilemma mit meinen Büchern (demnächst! demnächst! NEUES BUCH!): mal wieder ein geiles Fotomotiv, ich habe aber S/W-Fotos in meinen Books - es sei denn Titelfoto & gegebenenfalls KlappenTXT-Foto mit Farbe. Ich kann es real machen, ist aber booaah-Work! Demnächst checke ich, das doch noch wenigstens 4 oder 5 Fotos dabei wären. Wie dieses Foto... Ich hab tatsächlich sehr viele geile Fotos (schon allein die Fotobände), aber bei mir ist Chaos! Wenn ich das & das Foto (und natürlich bei meinen Lyrics, Prosaen!) sehen wollte, würde ich suchen: pi mal Daumen müsste es sein, dann suche ich dann 3 oder 4 oder 7 oder gar 10 Bücher... Und bei meinen absoluten Lieblingsfotos / Lieblingslyrics hab ich gleich 2 oder 3 oder gar 4 die gleichen Sachen, zB

Das magische Menschenjahr 65... (von 1980, 2024, Vorteile, Nachteile, Top10-Songs)

Als ich ca 20 war, ging mein Thekenchef von "meinem" Großhandel in Rente - mit 65. Für mich war er sehr grau und alt und knitterig - mit 20... Das war 1980! Wenn man einen Job in einer Firma hatte, war das ewig - bis 65. OK, bei mir nicht, es gibt diverse Gründe: meine "Suche", Neugierde, meine ewiggestrigen Eltern. Auf jeden Fall konnte man damals ein geordnetes Leben führen, auch bei mir. Durch die Human Nature war immer zu viel Macht, Gier, Egoismus. Aber 1973, 1976, 1980 oder 1988 war viel mehr Respekt, Ordnung, Gemeinschaft als heute. Früher als Kind/Teenie konnte man Mutproben machen, Fußball spielen, Lagerfeuer machen, knutschen mit einer Frau im Kornfeld, in den Umsonst und Draußen-Festivals chillen etc! 2024 ist nur Handy, Tablet, Laptop im Wartezimmer, Zug, Bus, Restaurant etc... Die heutigen Kinder haben weniger Sport, werden zu dick, wenn Spiel: dann nicht Schnitzeljagd oder Fangen, sondern datteln bei Playstation... Andererseits ist auch 2024 besser als in den 60er/70er/80er Jahren: damals war zu viel Patriachmann, Frauen waren zu viel KKK (KinderKücheKirche), das Wort Umwelt kannten nur wenig (Ölschlamm an Stränden, Saurer Regen, der Rhein war in den 70ern tot etc), und dann positiv gesehen auch mit meinem PC/Tablet (dadurch durfte/darf ich meine Bücher schreiben, die Weltgemeinschaft mit facebook/Instagram/Tik Tok) etc. Es gibt immer Vorteile/Nachteile. Wie gesagt, 2024 hat auch gute, positive Fortschritte, aber zu viel Zexxxx, Hxxx, Naxxx etc... Zeit ist relativ: im Endeffekt leb ich "ewig", aber in den letzten Jahren ging das ruckzuck... Ach komm, für Euch schreib ich die Top 10 -Songs von mir (natürlich Stand nur jetzt 9.11.24 21:31h, und bestimmt wieder was vergessen):

1 Stairway To Heaven (Led Zeppelin)

2 Bohemian Rhapsody (Queen)

3 A Day In The Life (The Beatles)

4 Blood On The Rooftops (Genesis)

5 Time (Pink Floyd)

6 Desperado (Eagles / Linda Ronstadt)

7 Mad Man Moon (Genesis)

8 Every Little Thing She Does Is Magic (The Police)

9 Telegraph Road (Dire Straits)

10 Highway Star (Deep Purple)

Dann noch zig Songs zB Harvest Moon (Neil Young), It's All Over Now Baby Blue (Bob Dylan / Them / Van Morrisson / Eric Burdon / Falco), We're All Alone (Rita Coolidge), Hammer Horror (Kate Bush), Us And Them (Pink Floyd), Supper's Ready (Genesis), The Redemption Song (Bob Marley) etc etc etc...

Foto: der Autor

C P Gerd Stein Gerd Steinkoenig 9. November 2024 21:44h

Bei all meinen Books diesmal nicht in meinem üblichen Genesis/Pink Floyd/ Kate Bush/Neil
Young/Led Zeppelin-Eckchen, sondern ein Foto-Shot mittendrin in meiner Auswahl mit
vielen Genres: Nirvana, Radiohead, Rainbow, Benny Goodman, Juliane Werdung, Ich & Ich,
Frank Sinatra, Iron Butterlly, ZZ Top, Green Day, Evelyn Künneke, Stevie Wonder, Cream,
Prince, Bob Dylan, Pet Shop Boys, Moody Blues, Pearl Jam und und... Nur in diesem
Eckchen... Von Grunge bis Swing bis Schlager bis Hardrock bis Jazz etc... Ups, wo sind denn
die Beatles, die Rolling Stones, Deep Purple, AC/DC, Söhne Mannheims, Marianne

Rosenberg, E.L.O. oder Marillion, Bee Gees, Donna Summer, Edith Piaf, Sweet, Coldplay, Guns N Roses, Yes, The Police, Dire Straits, Asia, Michael Jackson, Yvonne Catterfeld, Queen, Eagles, Linda Ronstadt, Motown Classics, All Blues, Music From Africa, Best of NDW, Best of British Rock, Isle of MTV, 75 Super Oldies, Maximum Rock, Simply Seventies, U 2, Supertramp, Scorpions, Dinah Washington, Can, Patsy Cline, Eminem, oder Peter Gabriel, Abba, Miles Davis, Ella Fitzgerald, Pink, Ton Steine Scherben, Les Humphries Singers, Metallica, Depeche Mode, Udo Lindenberg, Nina Hagen Band, Pavlov's Dog, Jethro Tull, Frank Zappa, Boston, Mark Knopfler, Duke Ellington, The Dubliners, Simon & Garfunkel, Jimi Hendrix, Tina Turner, Fleetwood Mac, Bruce Springsteen, Platinum Pop, Kuschelrock, Blues Classics, Teenager Years, Indie Wonderland, Amy Winehouse, Madonna, Glenn Miller, Steve Hackett, The Pointer Sisters, Santana, Bob Marley, R.E.M., Adele, Sting, Sade, The Doors, Schlagersterne der 50er Jahre, Rock Classics, Country, Disco, Electro Sounds, Mariah Carey, Alexandra, Kings of Leon, Dream Theater, Slade, James Last, Gazebo, Eric Clapton, Quicksilver Messenger Service, Hean Michel Jarre, Blondie, Hakwind, David Bowie, Böhse Onkelz, America etc etc etc... Ist in den anderen Eckchen... Meine Lieblinge (Genesis, Pink Floyd, Beatles...), meine Sampler (Disco, Motown Classics, 75 Super Oldies...), "Geheintipps" (Miles Davis, Alexandra, Isle of MTV...), viele Genres dabei - aber ich bräuchte noch 200 Alben, ääh 300 Alben, am Besten 400 Alben...

Collage zu meinem 65. Geburtstag am 9. November 2024! Collage mit Hinweisen, History, Deutungen, Best!

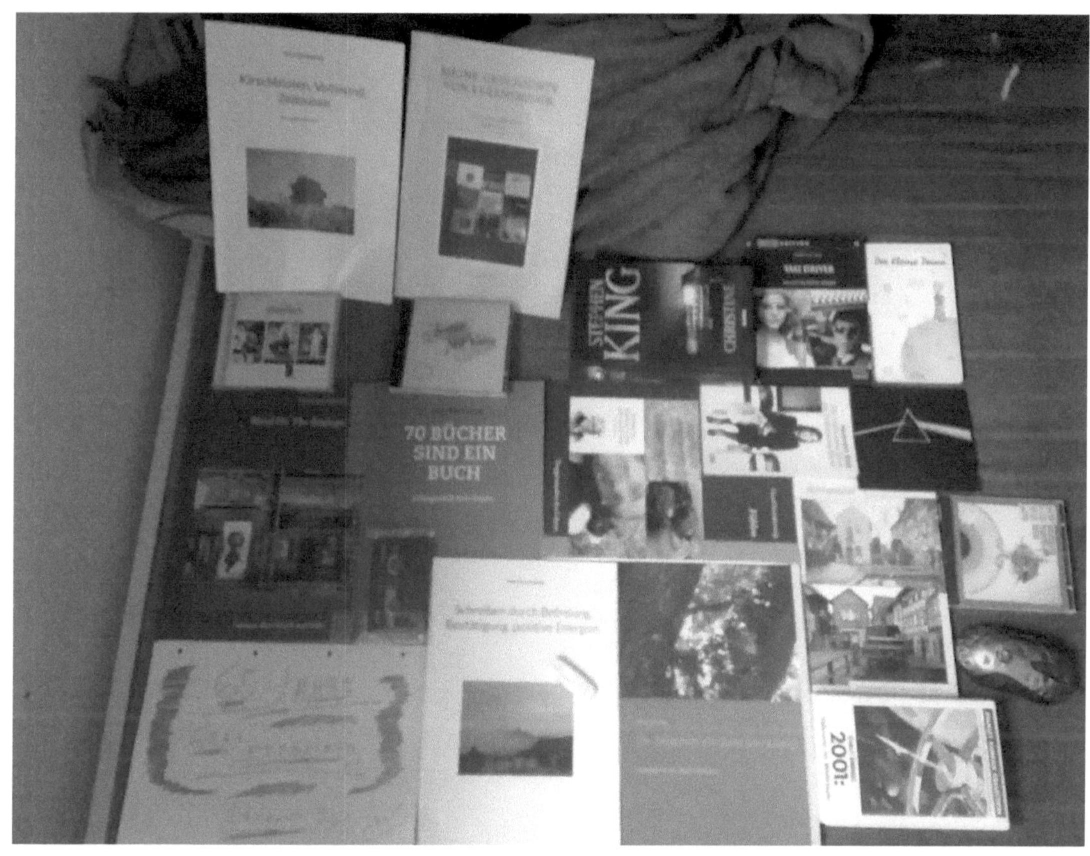

Aus Eclipsed Nov 2024 ua Boss Bruce, Beth Hart, Top10-LPs in D vor 40 Jahren!

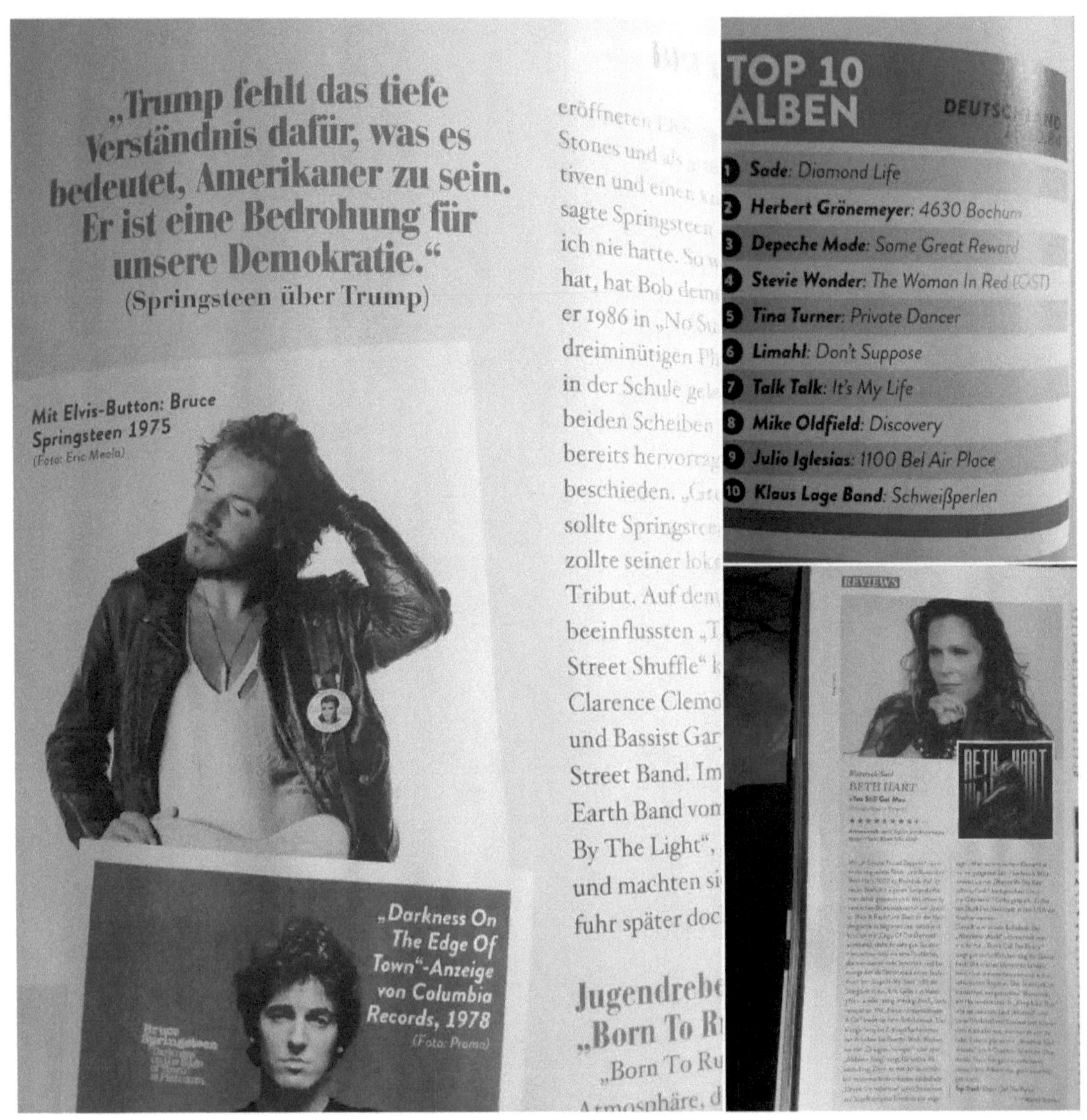

Mit Elvis-Button: Bruce
Springsteen 1975
(Foto: Eric Meola)

„Darkness On
The Edge Of
Town“-Anzeige
von Columbia
Records, 1978
(Foto: Promo)

eröffneten [...]
Stones und [...]
tiven und einer [...]
sagte Springsteen [...]
ich nie hatte. So w[...]
hat, hat Bob dem[...]
er 1986 in „No Su[...]
dreiminütigen Ph[...]
in der Schule gel[...]
beiden Scheiben [...]
bereits hervorrag[...]
beschieden. „Gr[...]
sollte Springstee[...]
zollte seiner loka[...]
Tribut. Auf dem [...]
beeinflussten „T[...]
Street Shuffle“ k[...]
Clarence Clemo[...]
und Bassist Gar[...]
Street Band. Im [...]
Earth Band von [...]
By The Light“, [...]
und machten si[...]
fuhr später doc[...]

Jugendrebe[...]
„Born To Ru[...]

„Born To Ru[...]
Atmosphäre, d[...]

TOP 10 ALBEN

DEUTSCHLAND

#	Künstler	Album
1	Sade	Diamond Life
2	Herbert Grönemeyer	4630 Bochum
3	Depeche Mode	Some Great Reward
4	Stevie Wonder	The Woman In Red (OST)
5	Tina Turner	Private Dancer
6	Limahl	Don't Suppose
7	Talk Talk	It's My Life
8	Mike Oldfield	Discovery
9	Julio Iglesias	1100 Bel Air Place
10	Klaus Lage Band	Schweißperlen

REVIEWS

BETH HART
»You Still Got Me«

„Es gibt die Wahrheit, mein Lieber!
Aber die Lehre, die Du begehrst,
die absolute, vollkommen
und allein weise machende,
die gibt es nicht.
Du sollst Dich auch gar nicht nach einer
vollkommenen Lehre sehnen, Freund,
sondern nach
Vervollkommnung Deiner selbst.
Die Gottheit ist in Dir,
nicht in den Begriffen
und Büchern.
Die Wahrheit wird gelebt, nicht doziert.“

Hermann Hesse
aus „Das Glasperlen-Spiel“

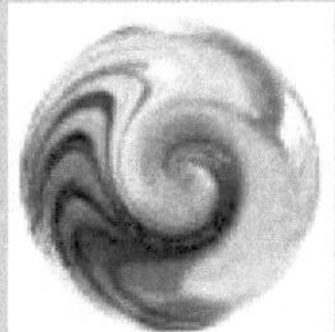

NICHTS IST SCHWERER
UND NICHTS ERFORDERT
MEHR CHARAKTER
ALS SICH
IN OFFENEM GEGENSATZ
ZU SEINER ZEIT
ZU BEFINDEN
UND LAUT ZU SAGEN :
NEIN
Kurt Tucholsky

Wer nicht in die Welt zu passen scheint, der ist immer nahe dran, sich selbst zu finden.

— Hermann Hesse

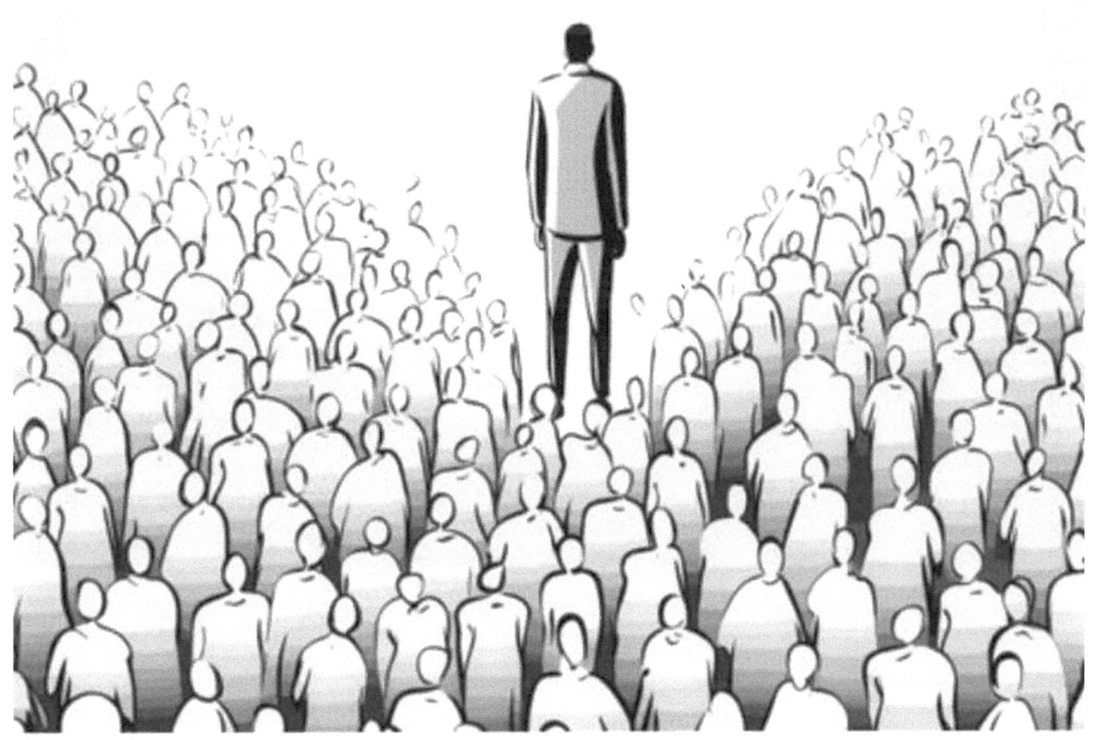

Clearest image ever taken of Venus..

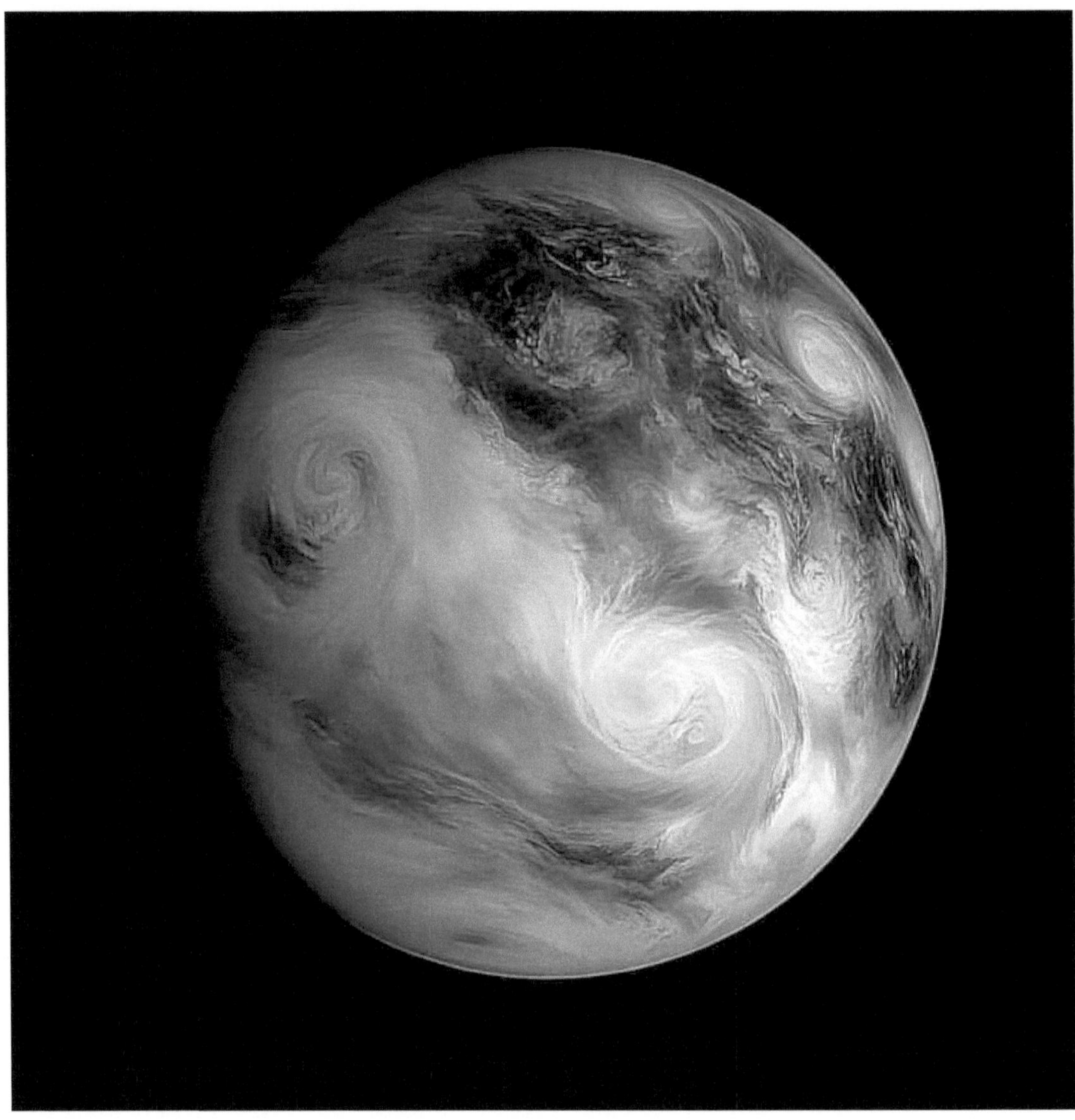

THE RISE AND FALL IN THE USA

Schon als Kind und Teenie war ich Fan von den USA

Rock n Roll, Woodstock, Filme, TV-Serien...

Aber jetzt?!

In den USA war immer wieder Macht und Krieg

In den letzten Jahren kam der Untergang

Im Endeffekt seit dem 11. September 2001

Jetzt seit dem 5./6. November 2024 IST der Untergang

Die Nr 47 (aka Nr 45) krakeelt über die Welt

Die Lemminge aus Europa küssen Trump's Füße

Die Demokratie hat jetzt Gehirnkrebs

Und jetzt?!

Europa braucht eine Weltmacht

Gleichberechtigt mit USA, VR China, Russland

Das kann man wohl vergessen (EU-Armee etc)

Ja, my good old USA mit Elvis, Chuck, MM

James Dean, Bob Dylan, Boss Bruce, Janis

Jimi Hendrix, Jodie Foster, Bogart, Stephen King

Mein Lieblingsbuch "Die gute Erde" von Buck

Legendäre TV-Serien wie Columbo, Kojak

The Streets of San Francisco, Miami Vice...

Nun habe ich die Scheidung eingereicht

Von den USA: You Are Fired!!

Foto: der Autor 6. Nov 2024 (4 old US-CDs)

C P Gerd Stein Gerd Steinkoenig 6. Nov 2024

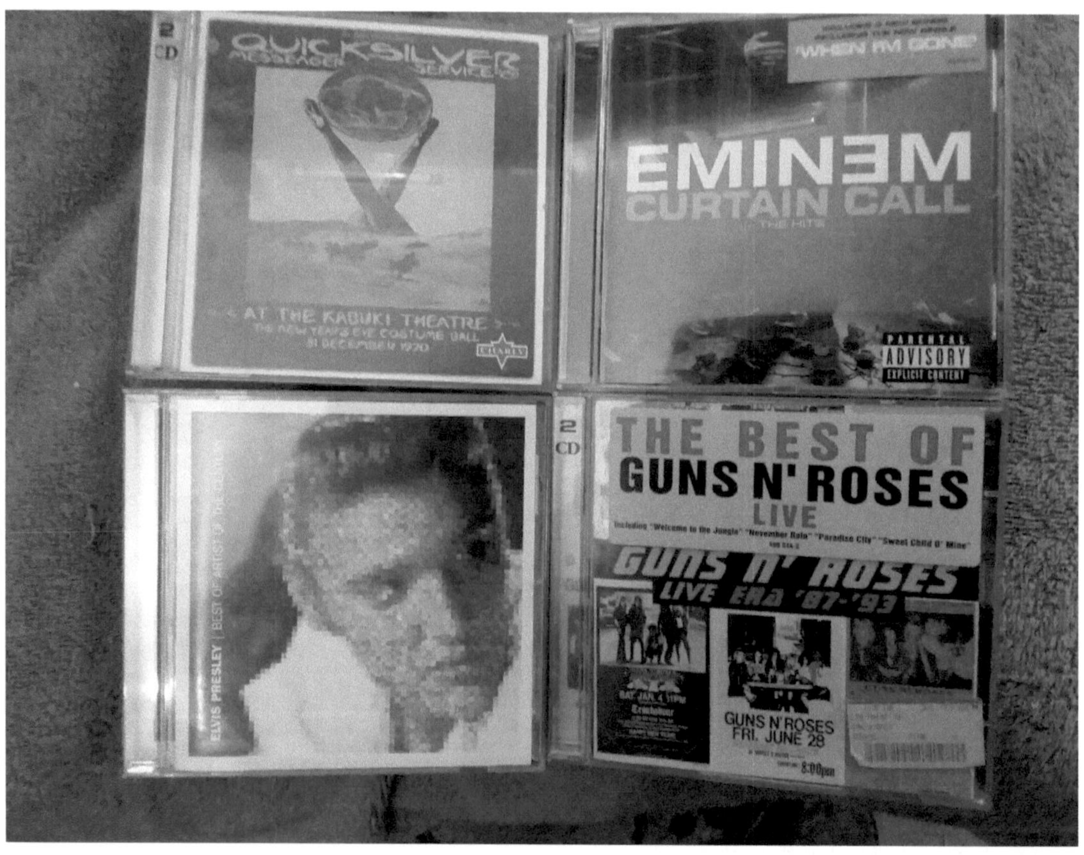

WUSSTE ICH JA GAR NICHT!

Ich habe seit vielen Jahren meine Vorlieben

Durch meine Lyrics, meine Fotos

Und wusste gar nicht das ich Romantiker bin

Im Endeffekt schon, dann

Vor Kurzem hatte ich ne fb-Gruppe entdeckt

Über die Deutsche Romantik

Und ich dachte "unsere" Fotos sind "gleich"

Soo fotografiere ich meine Kreativität

Über die Wälder, Sonne, Natur, alte Häuser

Und in meinen Lyrics sind ab und zu

Melancholie, Zeitgeister, Lebensphilosophie

Super, es ist anscheinend normal

Mit meinen kreativen Horizonten

Foto: der Autor (Bad Bergzabern 2021)

C P Gerd Stein Gerd Steinkoenig 5. Nov 2024

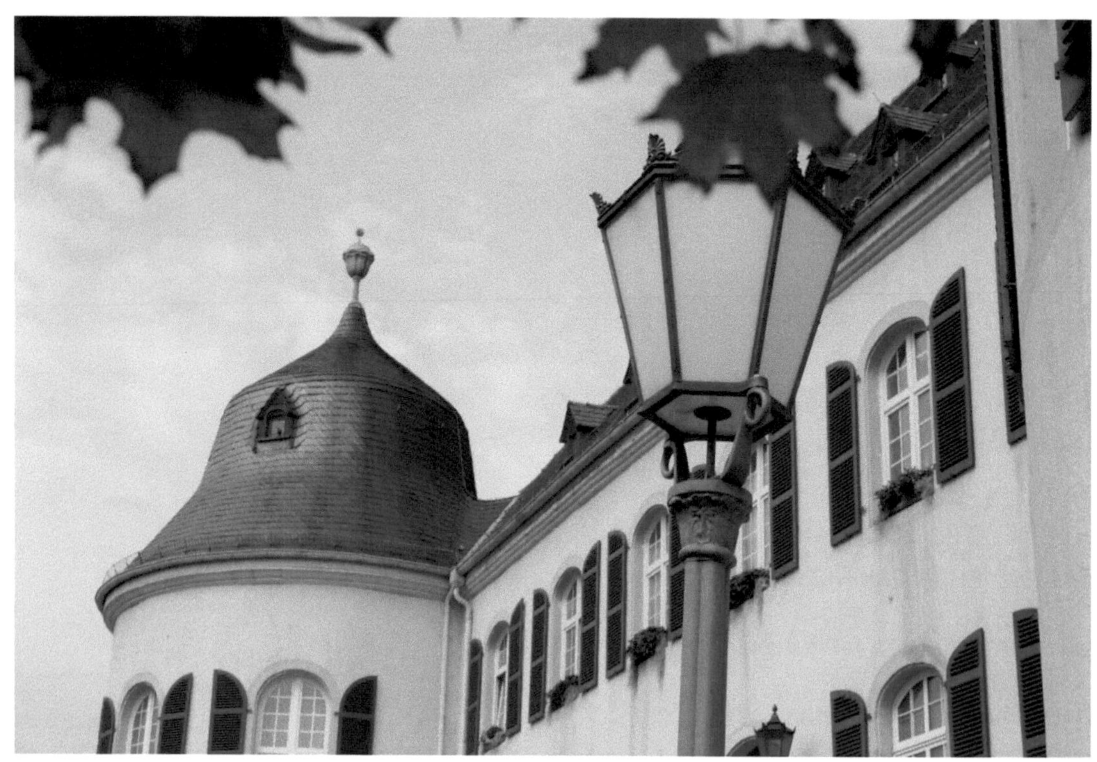

Irgendwann doch... ISBN-Buch 71... Es soll so sein durch meine Seele... (5.11.24), Foto: 3

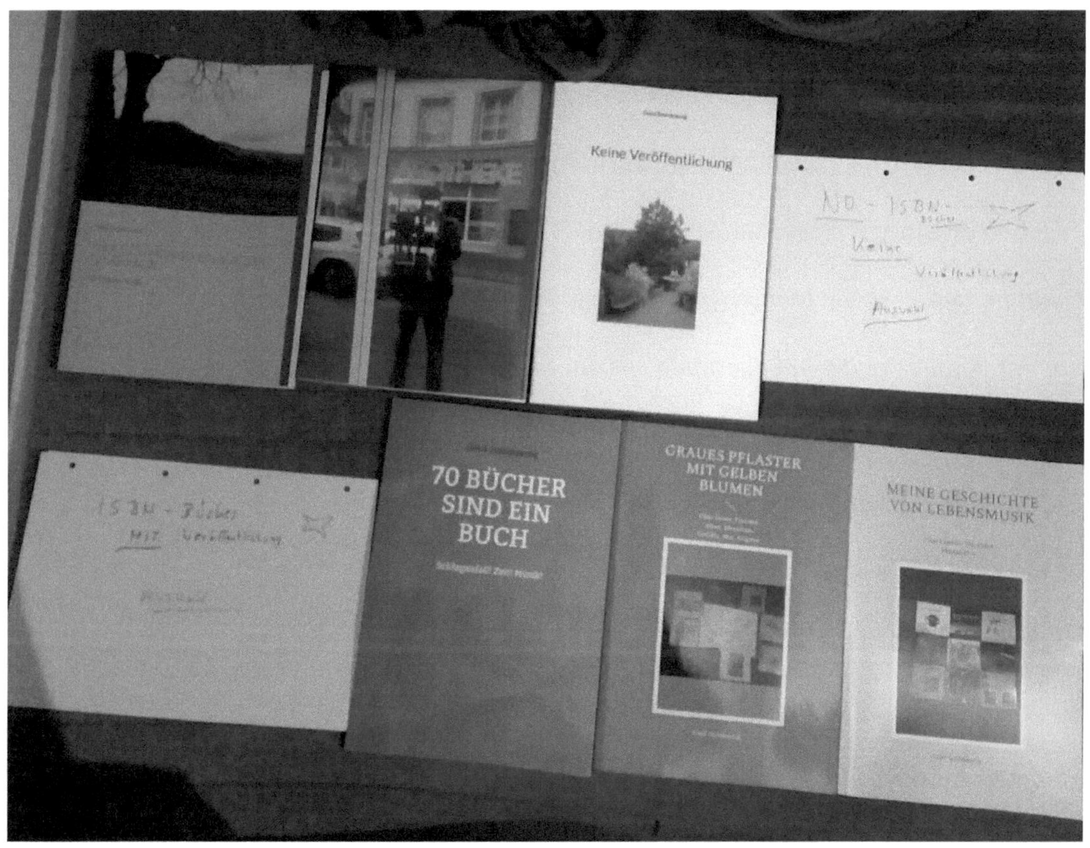

42 - THE ANSWER

Ist der 5. November 2024 ein Geschichtstag?

Sind die Menschen immer so - egal ob 1146, 1720, 1932, 2024?

Immer Gut & Böse, Yin & Yang? Kaum Fortschritte?

Hab ich Zukunftschancen mit meinen Büchern mit

Tagebuch/History/Philosophie/Musik/Fotos?

Gräbt im Jahr 2176 ein Mensch meine Books-Zeitkapsel?

Kommt demnächst die 3. Generation aus der Nr 1?

(Nr 1= Saurier, dann Mensch, dann ?)

Oh, 2176 ist ja schon vorbei von der Menschheit?

Ist der Sinn des Lebens The Answer 42?

Ist der Sinn des Lebens in DIESEM Moment gleich

ZOOOM!! RICHTIGE LIEBE!!

Foto: der Autor (5.11.24)

Gerd Stein Gerd Steinkoenig 5. Nov 2024

3. November um 21:08

.

ZEIT, THE NEXT VERSION

Städte vor 40 Jahren in dieser Zeit

Heute neue Fassaden in den Städten

Die 70er, 80er mit Moden und Frisuren

Heute lachen die Neuen von damals

Vor 40, 50 Jahren wars in der Gesellschaft nicht gut

Zu viel Rauch, Alkohol, überall in der Öffentlichkeit

Sie hatten keine Ahnung von Gesundheit

Heute ist zB rauchfreie Öffentlichkeit

Natürlich auch heute noch durch die Alkis, Rauchis

Ich kann nur lachen: ich bin frei und rein (since 2017)

Zeit ist Leben mit neuen Erkenntnissen

Der Sinn des Lebens ist das Ziel meiner Seele

Meine Seele ist unsterblich

Positive Energien für meine Zukunft

Mit Liebe

Mit Souveränität

C P Gerd Stein Gerd Steinkoenig 3. Nov 2024

POSITIVE LÖSUNGEN, HORIZONTE

Erinnerungen aus zig Jahren

Die Straßen, die Häuser sind anders

Die Orte sind viel größer als vor 40 Jahren

Oh, mein Blockflöte-Dessaster war DOCH aus den 60ern

Nich aus den 70ern! Seit ca 56 Jahren! Vor 57 Jahren?

Meine scheiß Erinnerungen aus den 90ern

Die Synapsen sollen die 90er rausreißen

1000 Facetten im Leben

1000 Zeitgeister im Leben

1000 Leben im Leben

Und natürlich hab ich positive Erfahrungen

Positive Erinnerungen, positive Energien

In jedem Jahrzehnt sind andere Moden

Andere Musik, andere Berufe, andere "letzter Schrei"

Andere Filme, andere TV-Serien, andere Menschen

Ich hab meinen Benimm aus alten Jahren

Heute ist aber kein oder kaum Respekt

Mit fast 65 entdecke ich erst alle Generationen

Ich kenne junge Leute, Mittelalter, die Alten

Menschen sind Zeitgeister mit jeweiligen Generationen

Ich hab die ganze Bandbreite

JFK 1963, APO 1968, Willy Brandt-Ostverträge 1970

Bis Kalter Krieg, Vietnam, Die freien 70er der BRD

Die Friedliche Revolution 1989 (Mauerfall)

In den 70ern, 80ern war Experiment, Idealismus

Damals waren Horizonte mit Idealismus

2024 wissen junge Menschen nichts, was 1973 war

Was 1969 war, was 1985 war, was 1992 war

2024 sind junge Menschen Streaming-Roboter

Uniformierte Gerader Weg-Androiden

Sie wissen nicht was Demokratie ist

Die alten Leute hatten die Freiheit gekämpft

2024 wählen die Leute gefühllose Egomanen

Trotzdem: meine positiven Lösungen, Liebe

C P Gerd Stein Gerd Steinkoenig 2. Nov 2024

.

2. November um 12:02

.

"Nicht außerhalb, nur in sich selbst soll man den Frieden suchen. Wer die innere Stille
gefunden hat, der greift nach nichts, und er verwirft auch nichts." Buddha

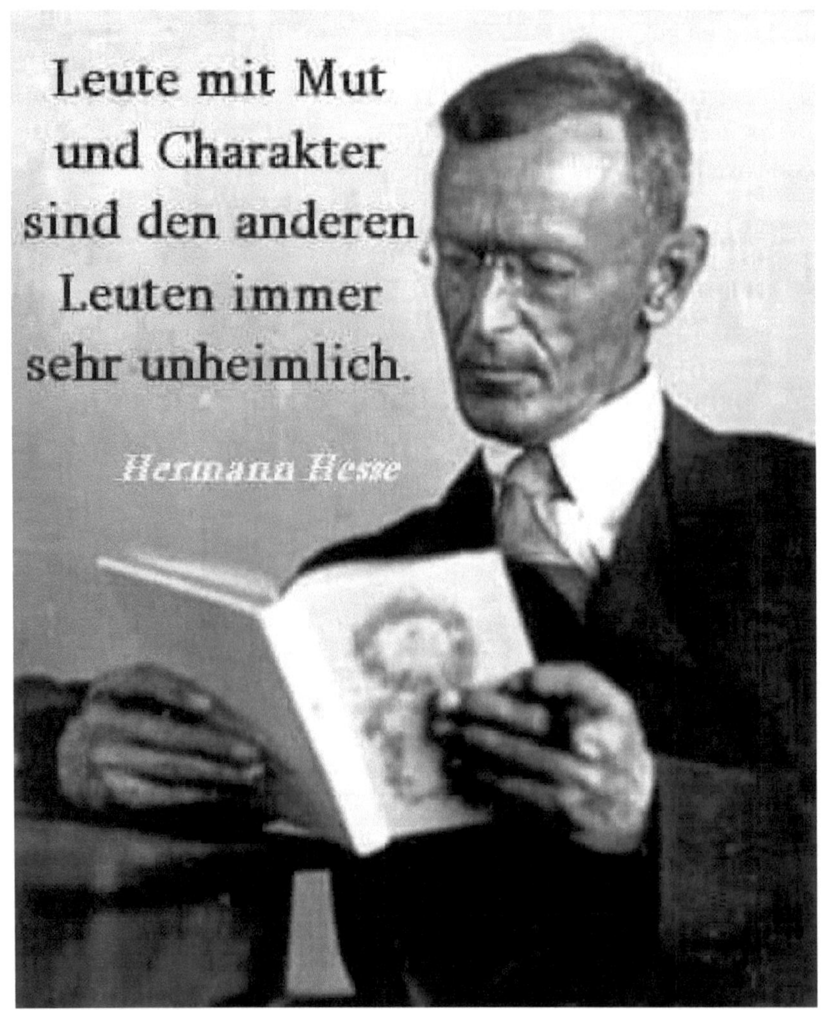

3 x Hesse in Buch! Coool!!

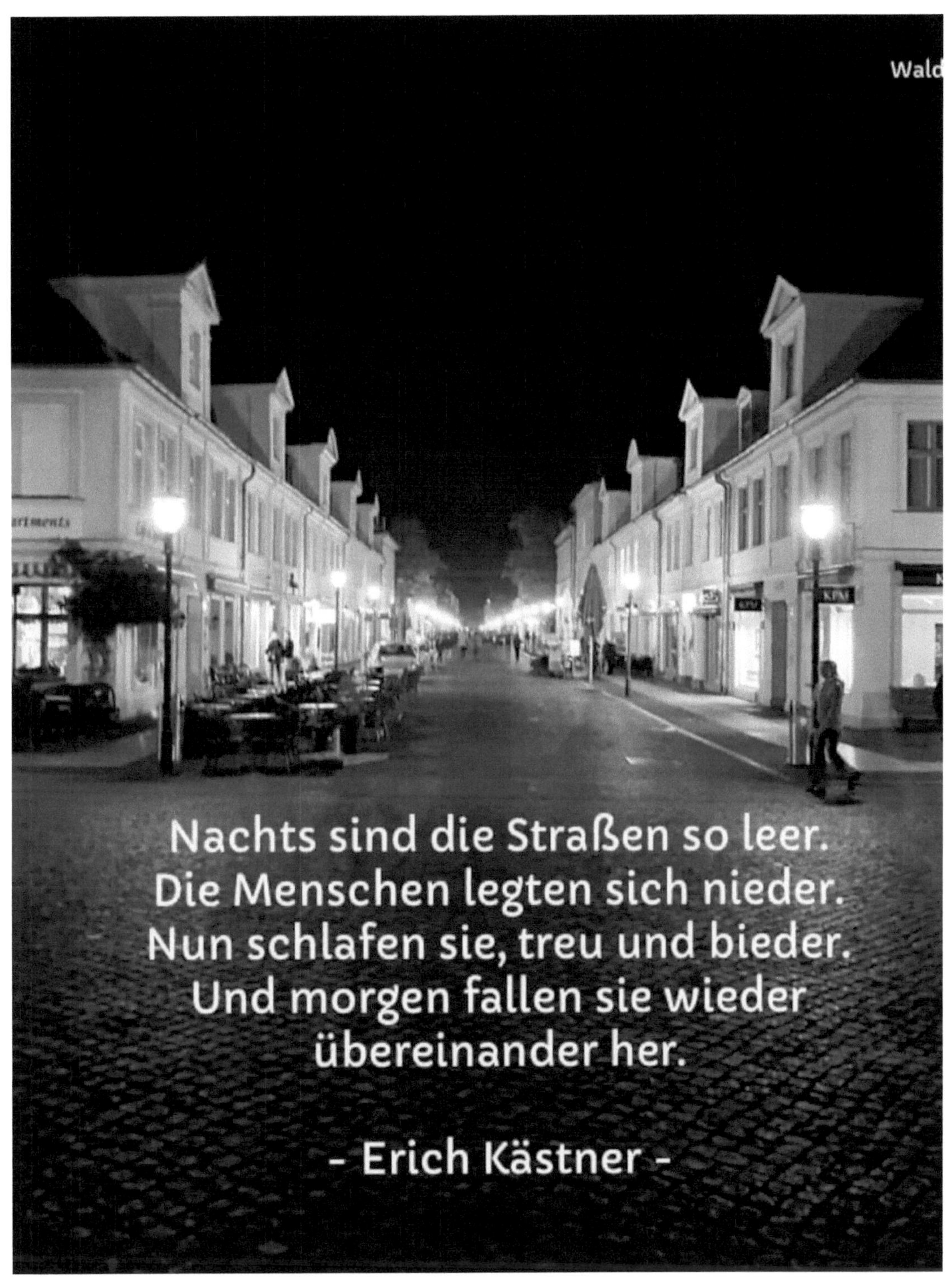
Nachts sind die Straßen so leer.
Die Menschen legten sich nieder.
Nun schlafen sie, treu und bieder.
Und morgen fallen sie wieder
übereinander her.

- Erich Kästner -

HIMMEL Teil SoUndSo...

Mein Vater spielen Skat mit Heinz Rühmann und Janis Joplin im 2. Stockwerk / Im Untergeschoss Abt Teufel warten Hitler, Stalin, Mao auf Trump und Putin / Im Himmel ist nur eine Sprache / Gott ist Mann und Frau in Einem / Buddah und Jesus rätseln Sudoku im 12. Stockwerk / Alle Tiere sind auch da!

C P Gerd Steinkoenig Gerd Stein 6. Nov 2024

Denn ihr seid dumm von Erich Kästner

Ihr und die Dummheit zieht in Viererreihen
in die Kasernen der Vergangenheit.
Glaubt nicht, daß wir uns wundern, wenn ihr schreit.
Denn was ihr denkt und tut, das ist zum Schreien.

Ihr kommt daher und laßt die Seele kochen.
Die Seele kocht, und die Vernunft erfriert.
Ihr liebt die Dummheit erst, wenn sie marschiert,
weil dann gesungen wird, und nicht gesprochen.

Es wäre leicht, die Dummheit zu verhüllen.
(So mancher gilt für klug, nur weil er schweigt.)
Ihr aber liebt die Dummheit, die man zeigt!
Man hört euch Tag und Nacht vor Dummheit brüllen.

Ihr wollt, daß man euch hört. Ihr wollt nicht hören.
Ihr haltet mit der Dummheit gleichen Schritt.
Wer nichts mehr zu verlieren hat, läuft mit.
Und fragt man, was ihr wollt, ruft ihr: „Zerstören!"

Ihr möchtet auf den Trümmern Rüben bauen,
und Kirchen und Kasernen wie noch nie.
Ihr sehnt euch heim zur alten Dynastie
und möchtet Fideikommißbrot kauen.

Ihr liebt den Haß und wollt die Welt dran messen.
Ihr werft dem Tier im Menschen Futter hin,
damit es wächst, das Tier tief in euch drin!
Das Tier im Menschen soll den Menschen fressen.

Ihr liebt die Leute, die beim Töten sterben.
Und Helden nennt ihr sie nach altem Brauch.
Denn ihr seid dumm, und böse seid ihr auch.
Wer dumm und böse ist, rennt ins Verderben.

Marschiert vor Prinzen, die erschüttert weinen.
Ihr findet doch nur als Parade statt!
Es heißt ja: Was man nicht im Kopfe hat,
hat man gerechterweise in den Beinen.

Drum exerziert vor alten Generälen,
und schmeißt die Beine bis zum Himmelszelt!
Doch daß davon die Welt zusammenfällt,
das könnt ihr eurem Großpapa erzählen.

Ihr wollt die Uhrenzeiger rückwärts drehen
und glaubt, das ändere der Zeiten Lauf.
Dreht an der Uhr! Die Zeit hält niemand auf!
Nur eure Uhr wird nicht mehr richtig gehen.

Wie ihr's euch träumt, wird Deutschland nicht erwachen.
Denn ihr seid dumm, und seid nicht auserwählt.
Die Zeit wird kommen, da man sich erzählt:
Mit diesen Leuten war kein Staat zu machen!

Die Menschen sind immer gleich, trotz Zeitgeister, Propaganden, Techniken, andere Moden, andere Musik, andere Filme, andere Jobs, aber die Human Nature... Siehe in diesem Buch 2 Zitate von Erich Kästner, 3 Zitaten von Hesse!

MEINE FOTOS, DAS IST SCHÖN!! SIEHE VIELE, VIELE, VIELE FOTOS DES AUTORS BEI MEINEN BÜCHERN!!

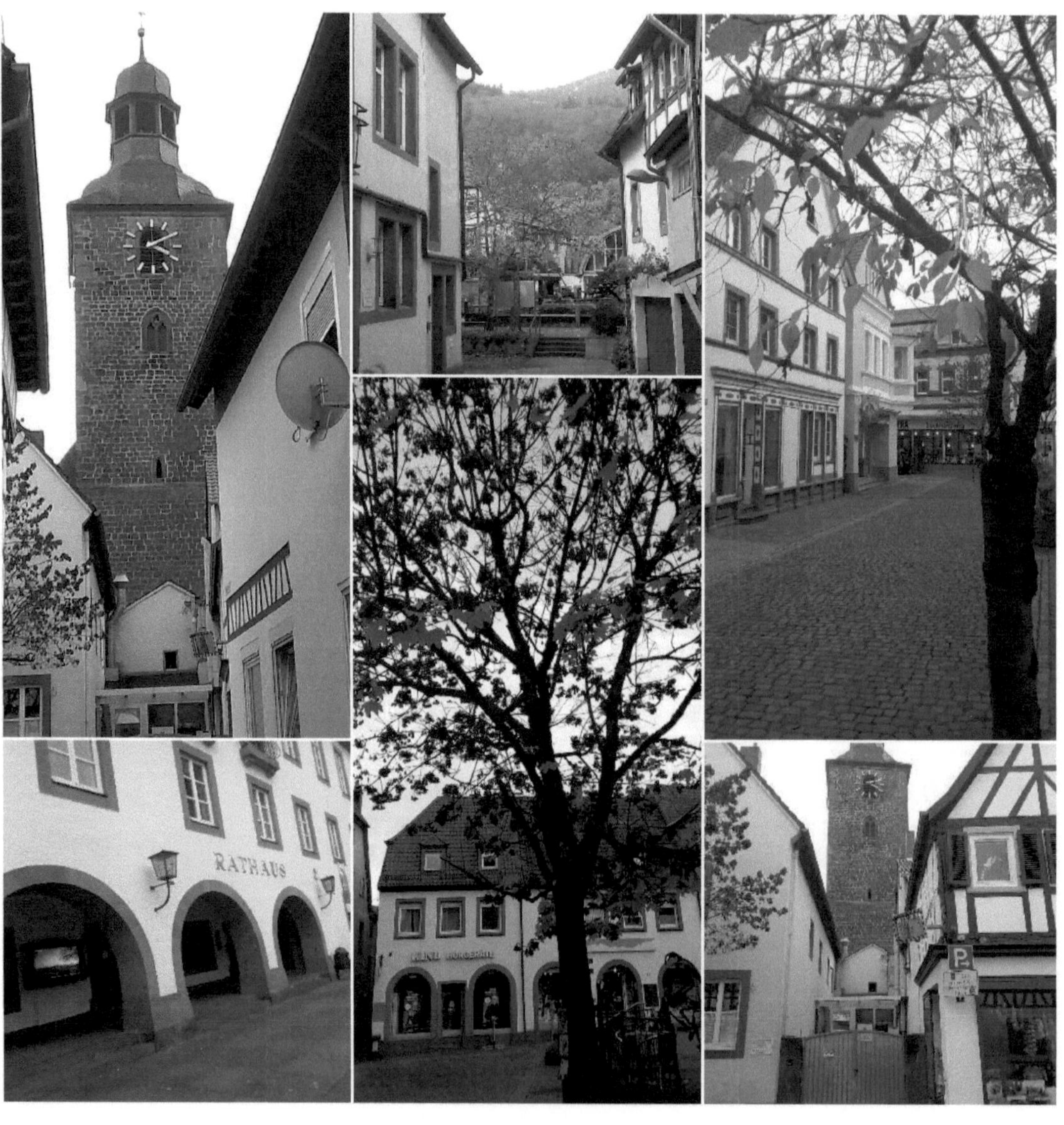

REINHEIT

GELASSENHEIT

GESUNDHEIT

GEFÜHL

ZUVERSICHT

EMPHATIE

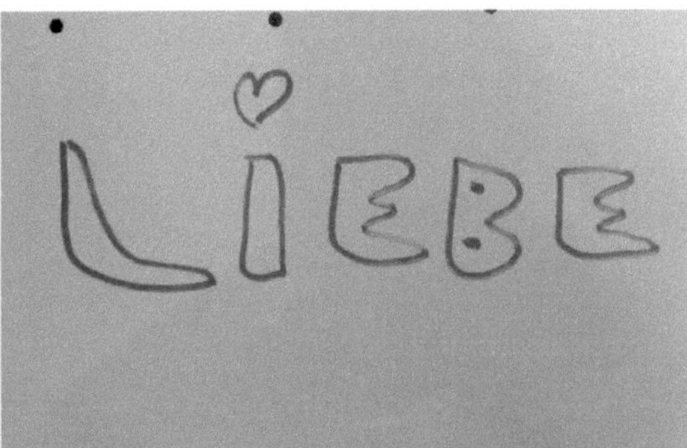

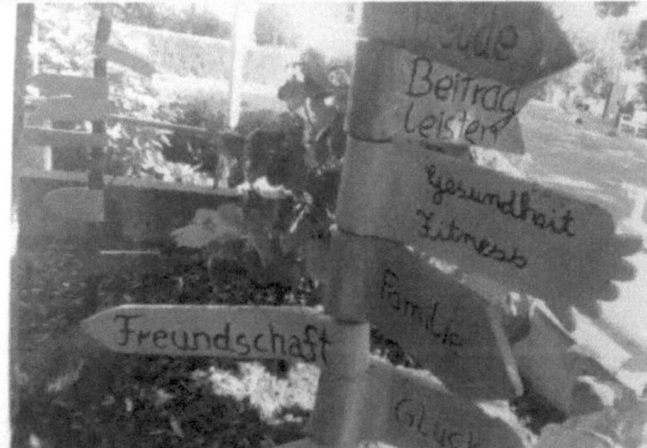

Tagebuch etc. Eine Wanderstraße Richtung St Wendel (Nov 2023) zu Mutter Rehaklinik/Schlaganfälle), ein Panorama in der SÜW, ein Puzzle aus "meiner" Schlaganfall-Klinik Alzey (Okt oder Nov 2017, mit meiner damaligen Queen Silke...) Bahnhof Annweiler etc.

Am 9. November 2017 hatte ich meinen 58. Geburtstag. Am Abend war es göttlich (nix mit Birthday, sondern die Abend-Aura, auch schon nachmittags) durch meine Queen (und eine Zimmergenossin). Wir hatten uns verabredet, das wir uns telefonieren. Hatte es später leider verschlampt (ich war ja noch naturstoned). Am November 2017 wurde ich zur Nachreha nach Bad Bergzabern gefahren. Sofort lief zu meiner Queen Silke K, hatte aber die Abteilung vergessen. War nix... Im Nachhinein weiß ich nicht, ob das überhaupt gut für mich gewesen wäre (damals 2019 oder 2020 wars anders: meine Suche zu ihr... War ja damals Flurfunkmäßig in ...).

Auch 2017 war ich 2023 nochmal da - wegen Schlaganfälle Mutter. Der Ergo war der Selbe (er hatte sich gewundert, die gleichen Symptome...) und wir unterhielten

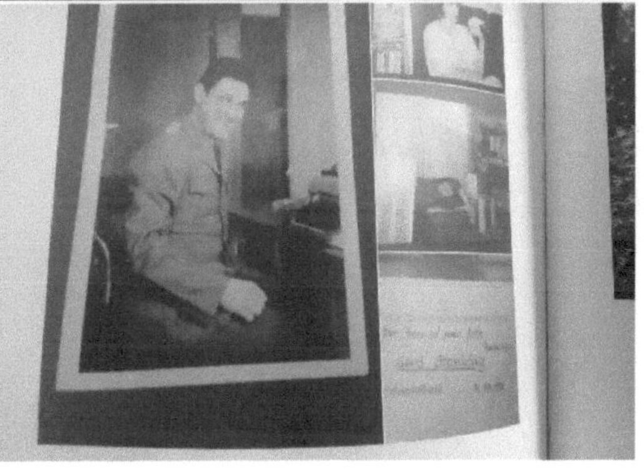

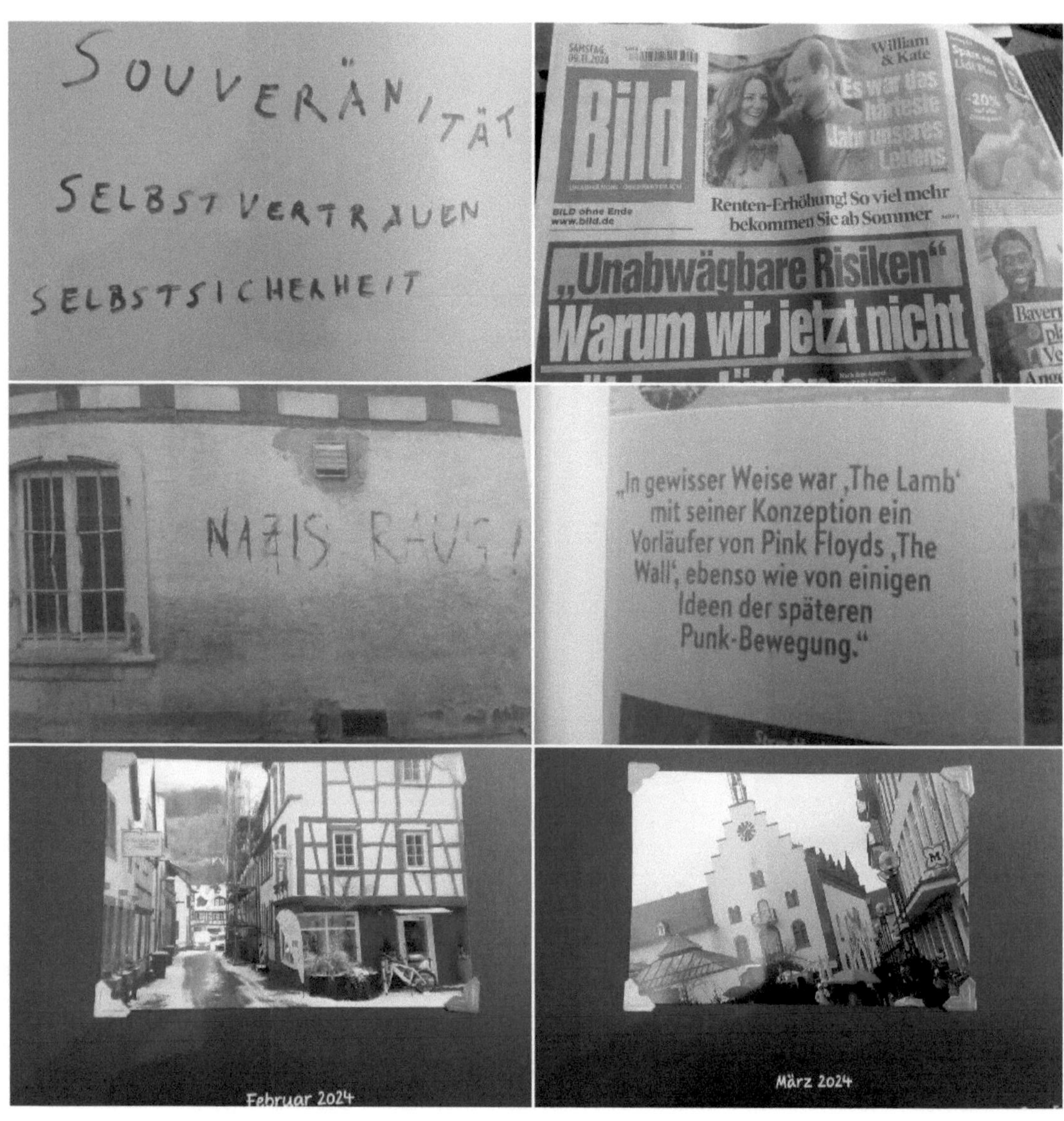
SOUVERÄNITÄT
SELBSTVERTRAUEN
SELBSTSICHERHEIT

William & Kate
BILD
Es war das härteste Jahr unseres Lebens
Renten-Erhöhung! So viel mehr bekommen Sie ab Sommer
BILD ohne Ende
www.bild.de
„Unabwägbare Risiken"
Warum wir jetzt nicht

NAZIS RAUS!

„In gewisser Weise war ‚The Lamb'
mit seiner Konzeption ein
Vorläufer von Pink Floyds ‚The
Wall', ebenso wie von einigen
Ideen der späteren
Punk-Bewegung."

Februar 2024

März 2024

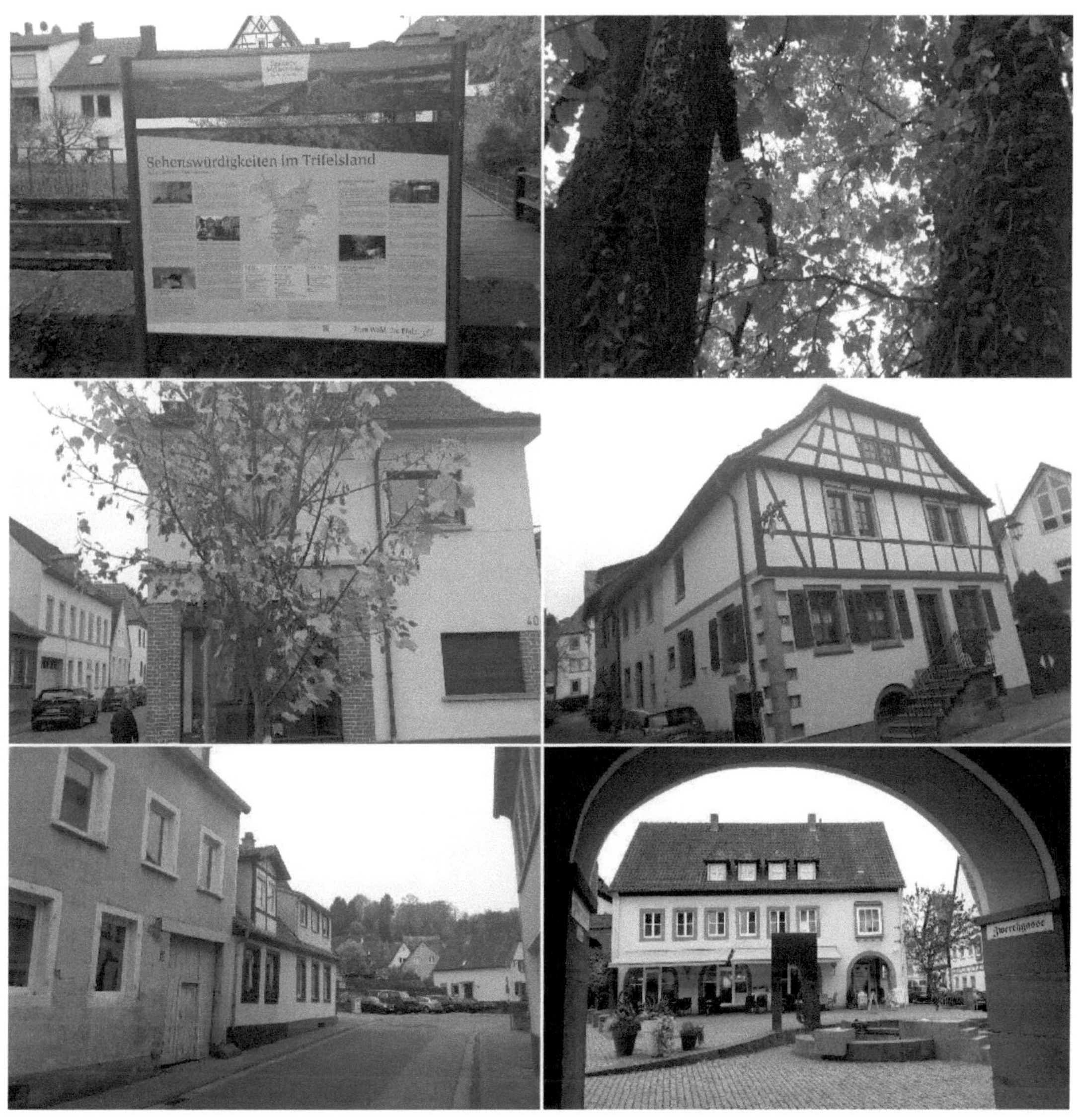

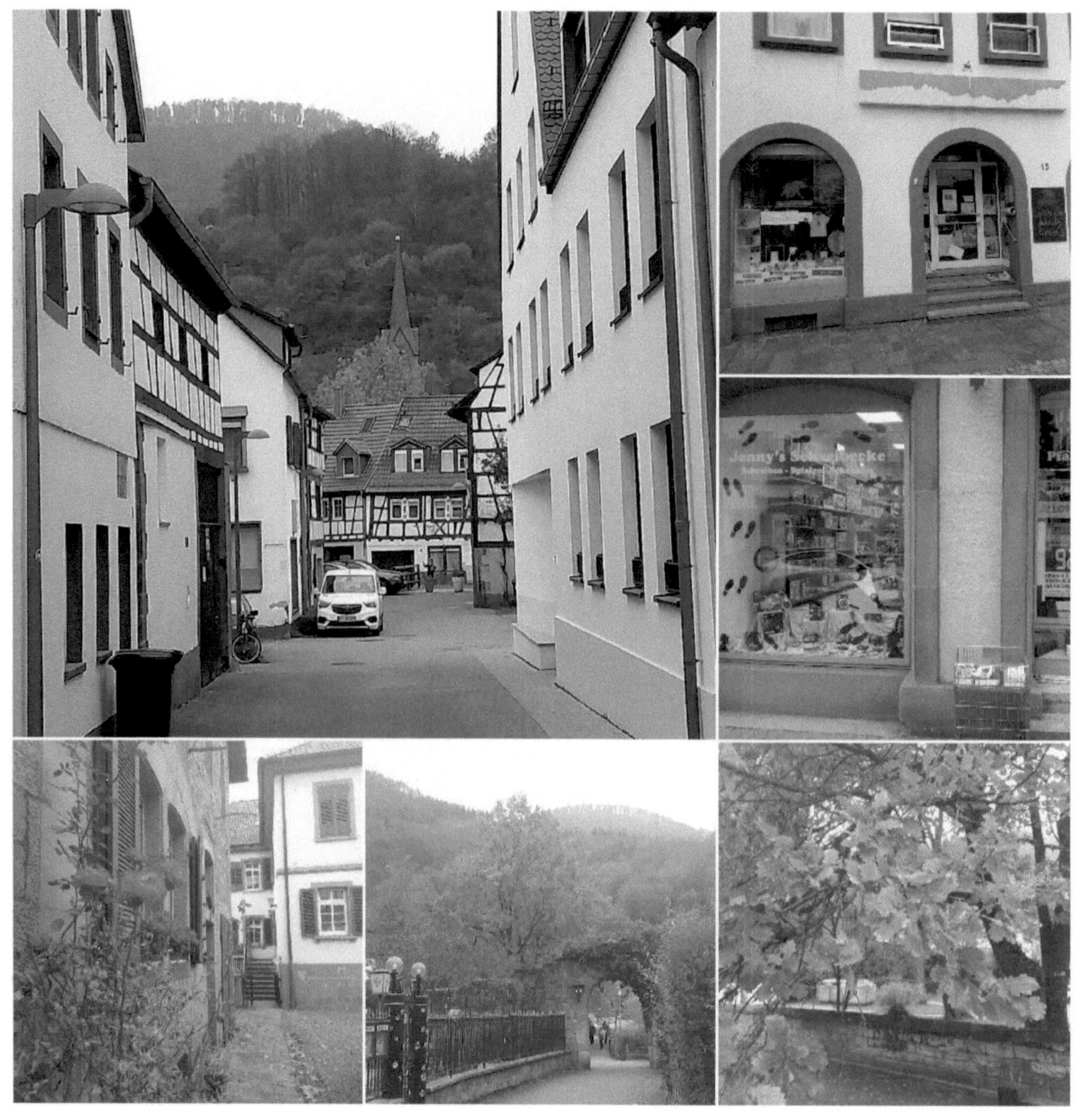

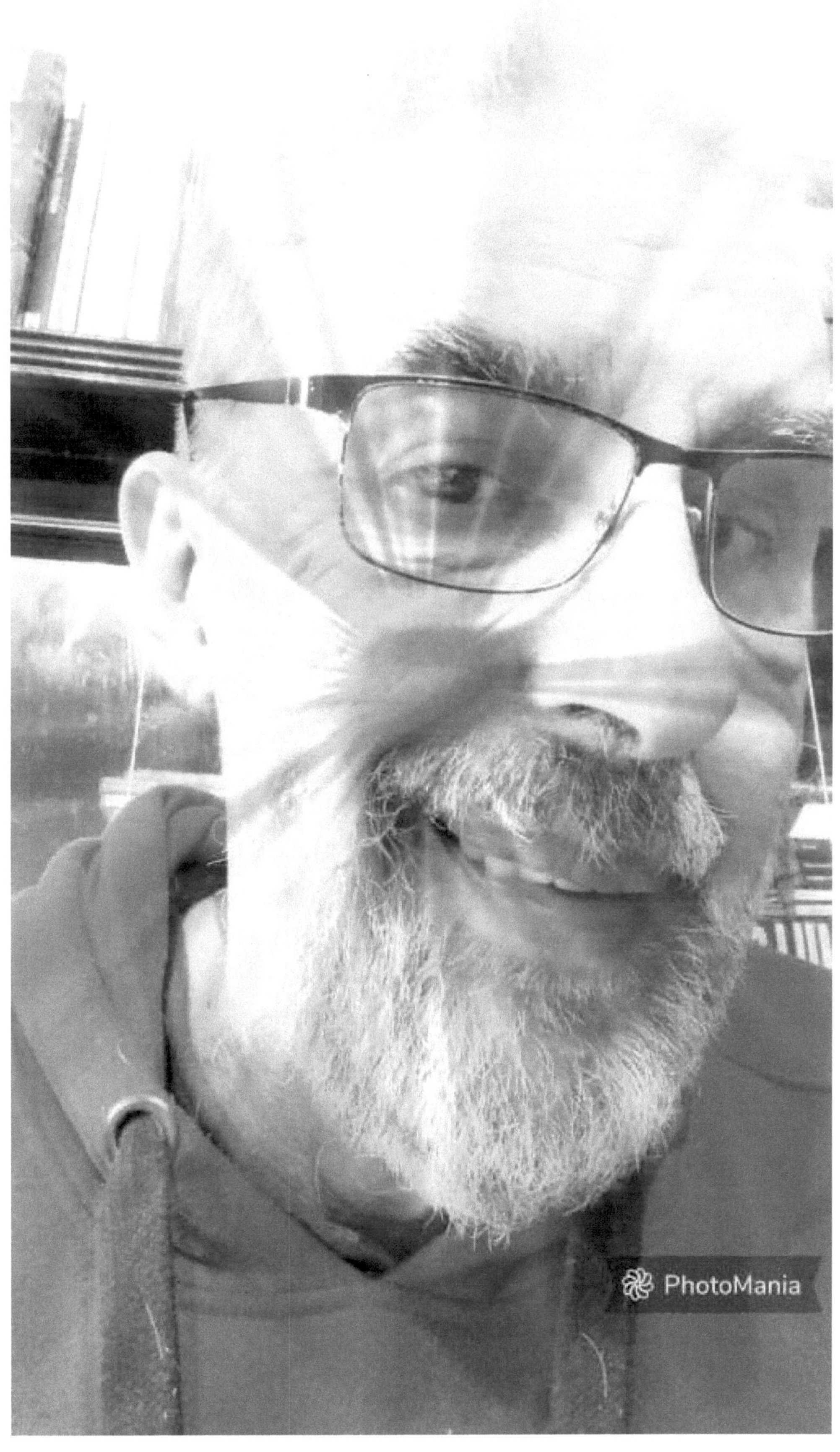

PhotoMania

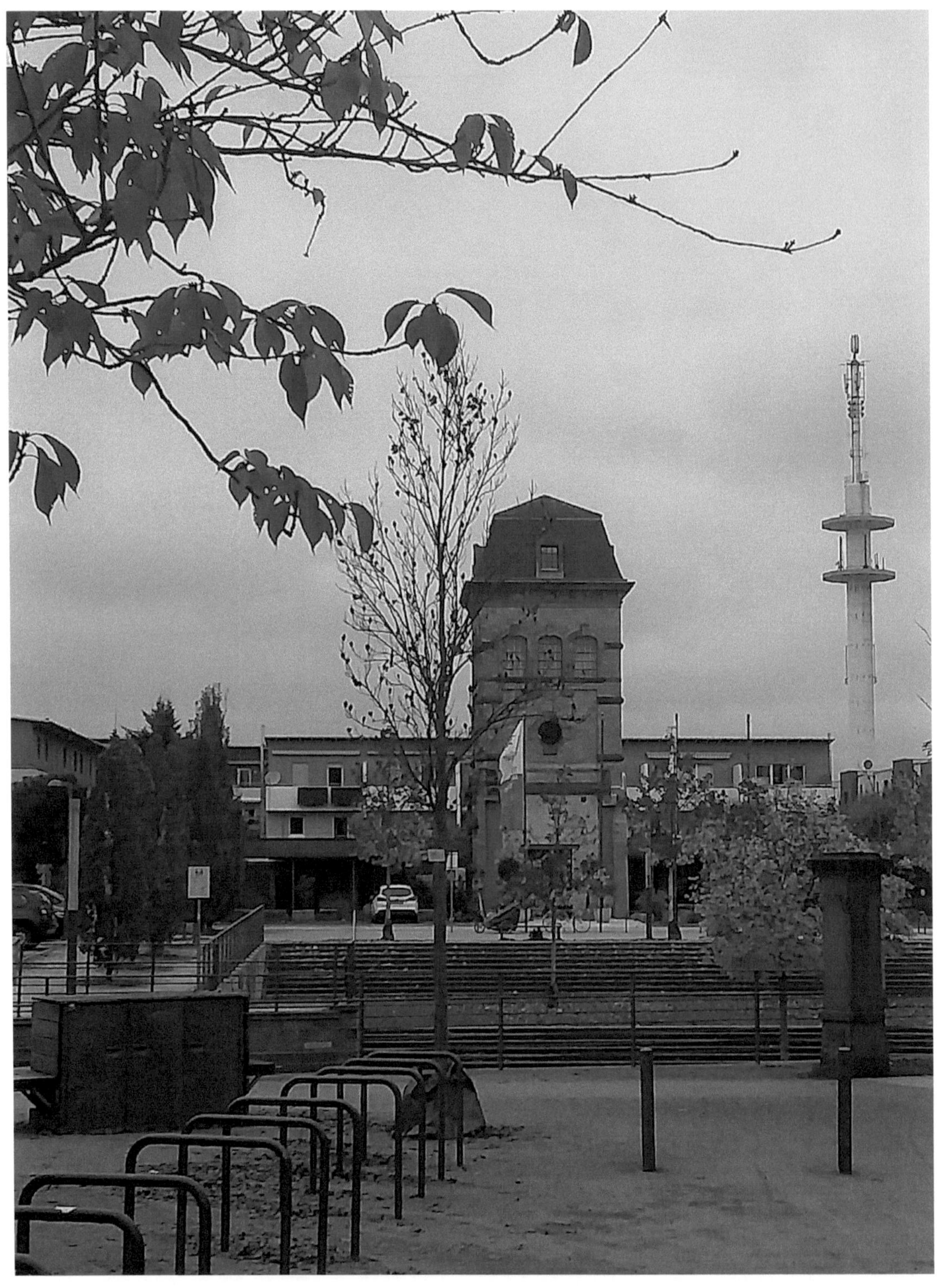

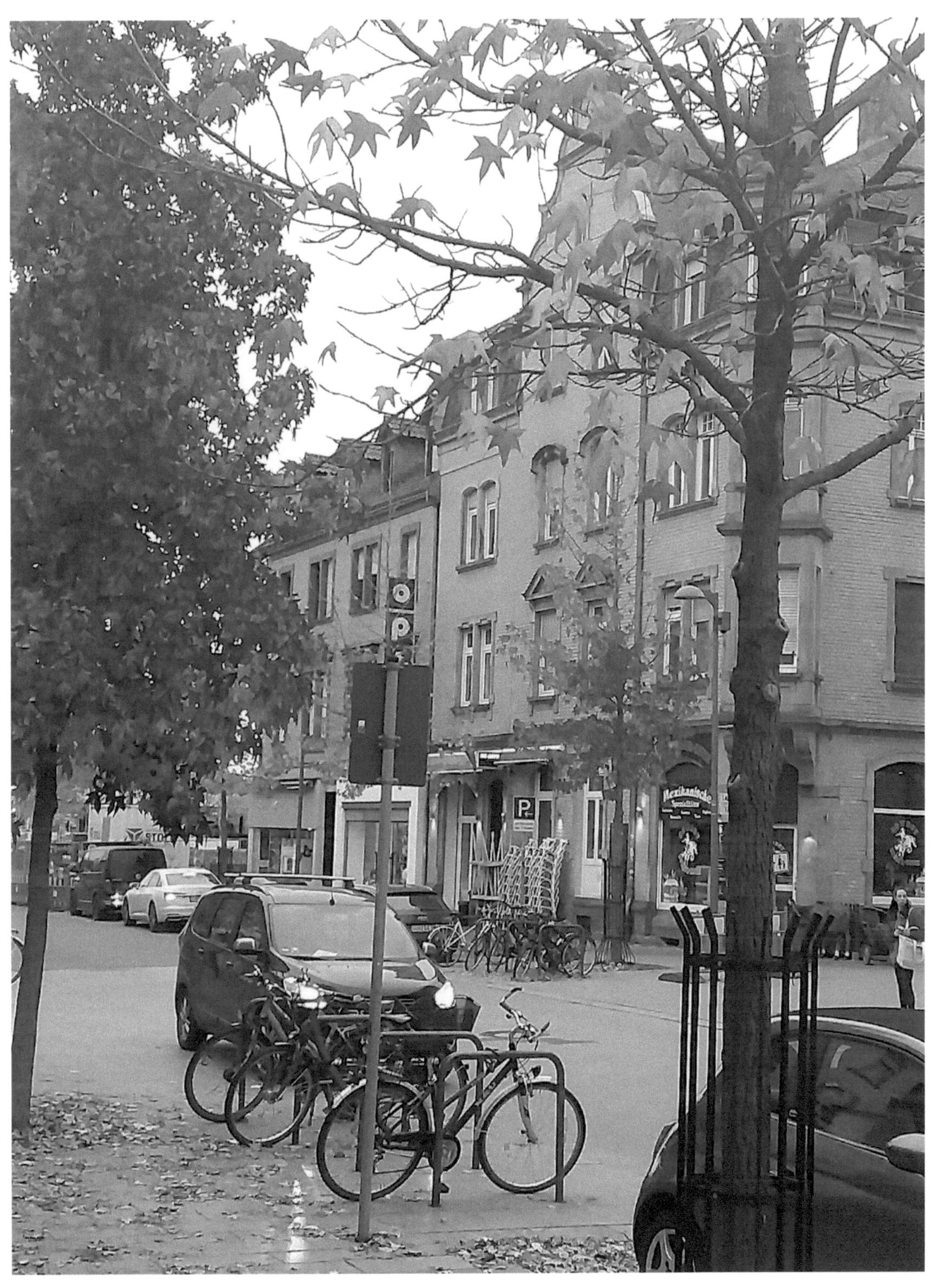

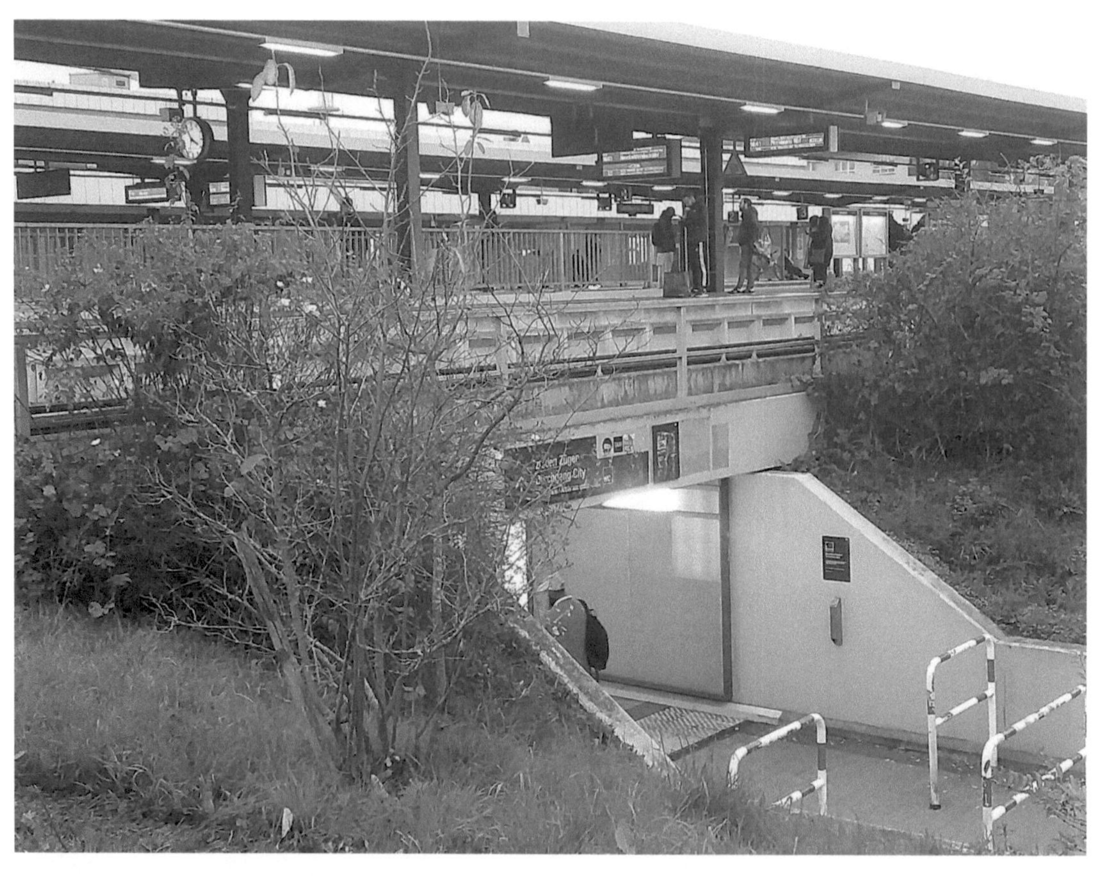

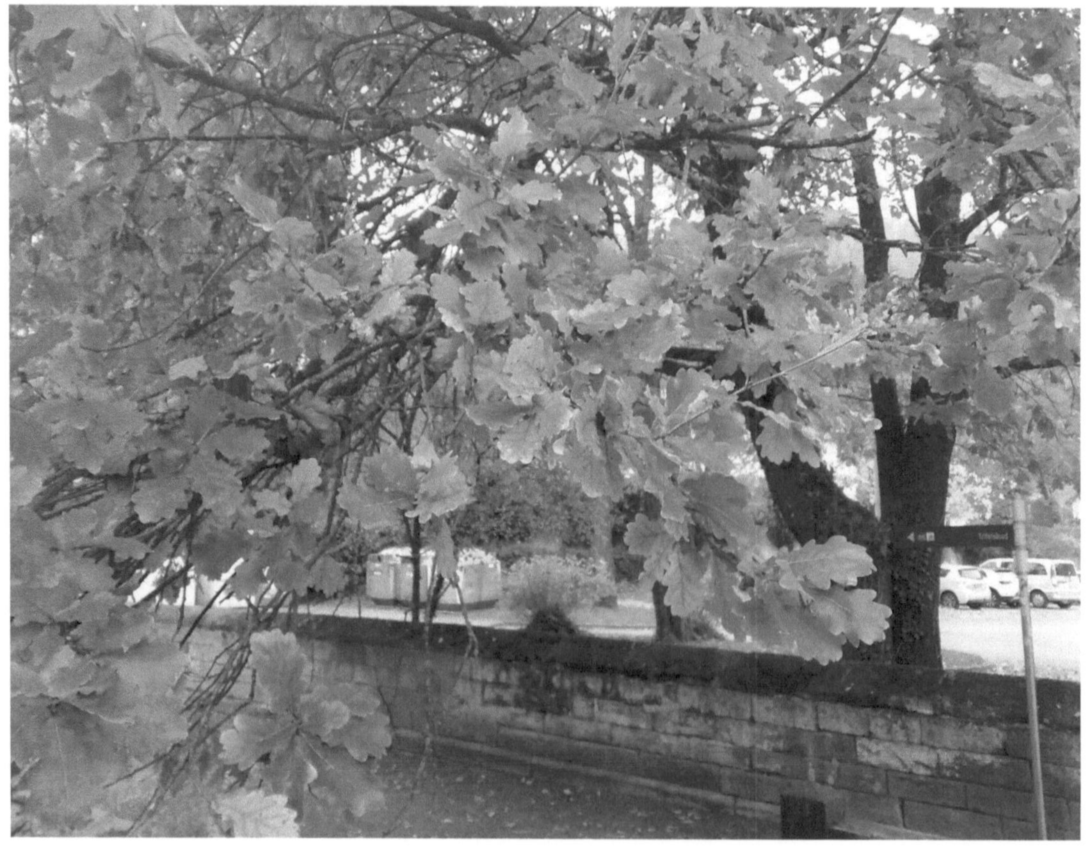

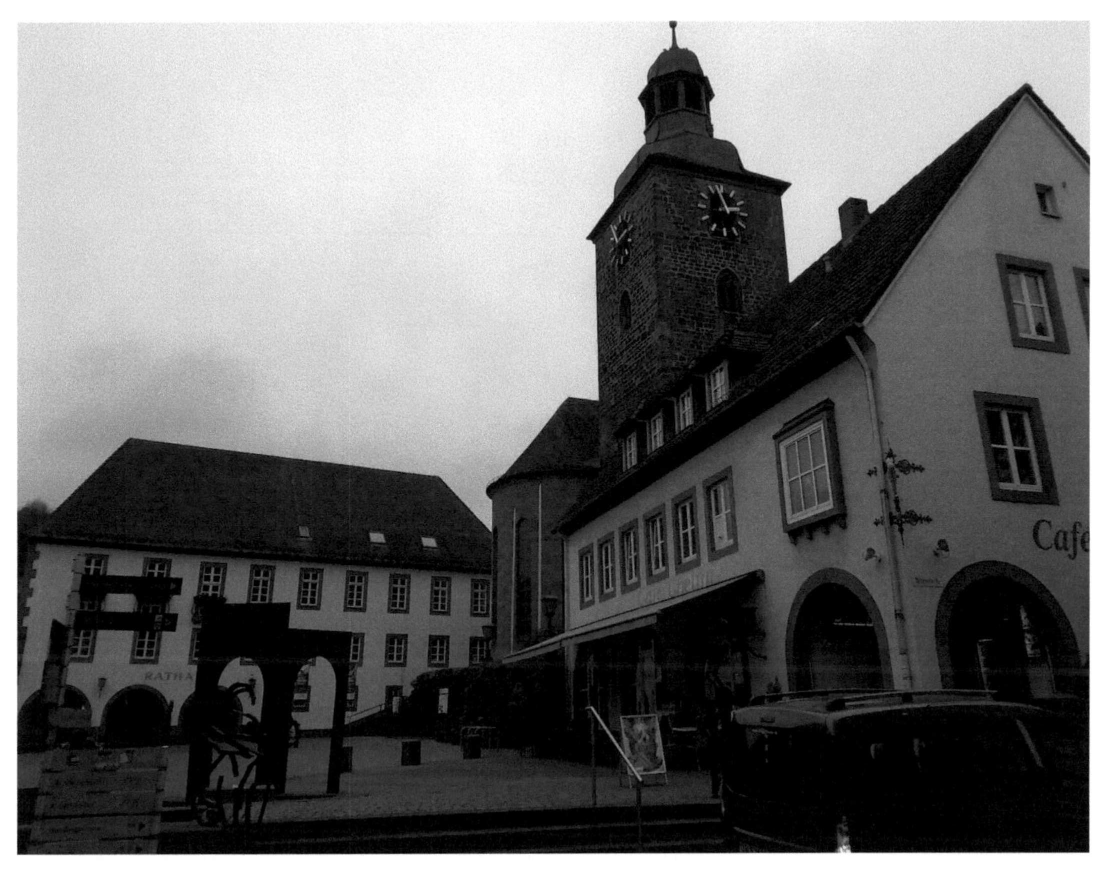

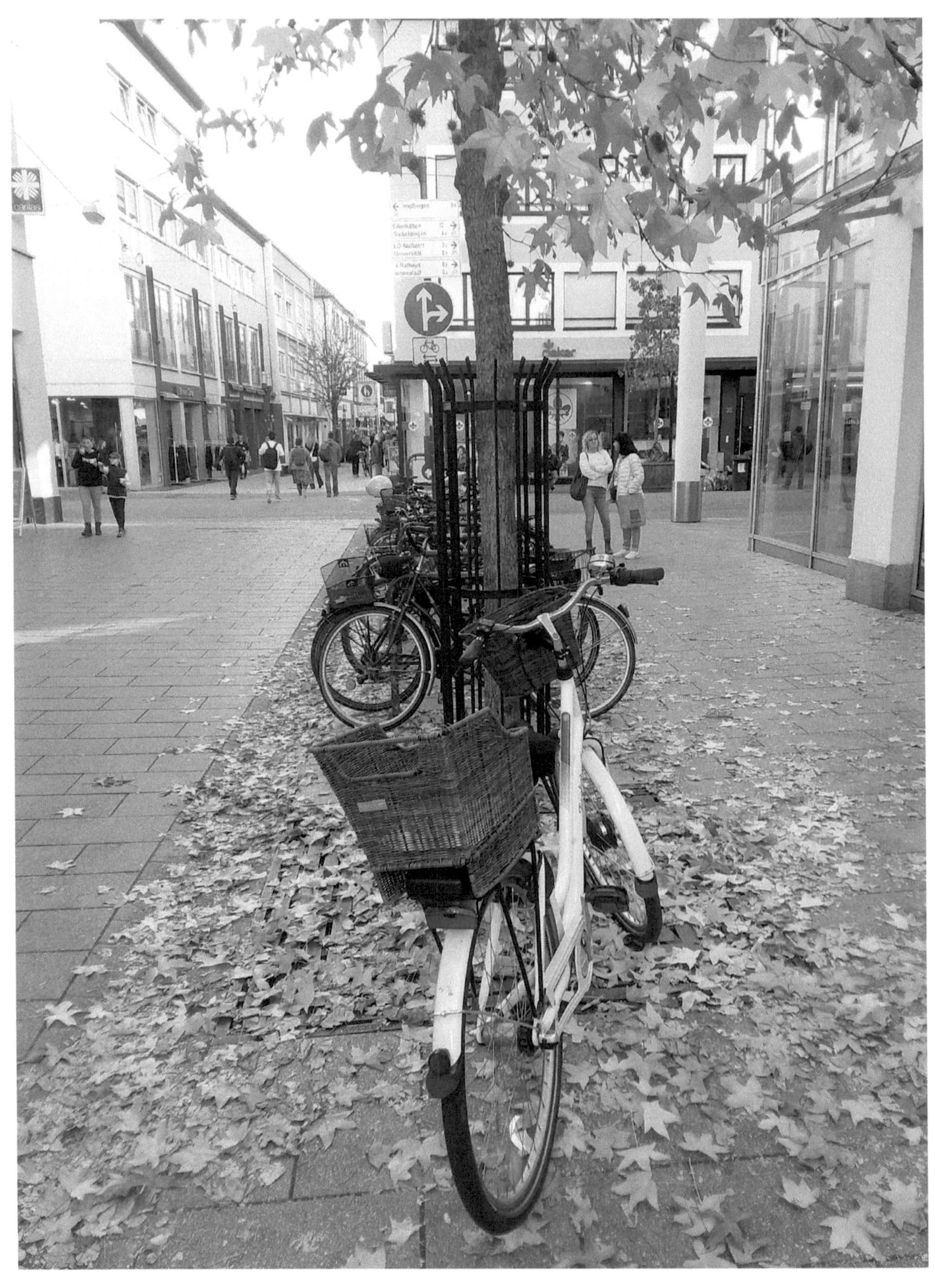

ERINNERUNGEN & FREUDE NACH VORNE

In meinem ISBN-Books waren viele Erinnerungen

Irgendwie doch wieder vergessen

Ich meine andere Situationen, Synapsenecken

Wenn ich aus den 70ern/80ern denke

Hab ich mein Kopfkino

Wäre ich "live" kämen suprise-Ecken

Die Wohnung von Großvater, Elternwohnung 1971

Die Location vom "Smile", die 1977-Streets von KL

Tatsächlich? Irrungen? Sugessionen?

Gerade wieder ZDFneo-"Barnaby", iss ja Montag

Gewohnheiten mit Fotografie, facebook, Lyrics

Aber ich will, ich sollte, ich hätte sehr gern

Durch meinen Schlaganfall Sept 2017

Hatte/habe ich Entwicklungen/Fortschritte

Die Straßenstrecken werden aber langsamer

Andererseits wird meine Zeit schneller

Ich brauch mehr Mut für meine Zukunft

"Ewig" hier oder doch nach Irgendwo?

Foto: der Autor, Landau idPf 2024

C P Gerd Stein Gerd Steinkoenig 4. Nov 2024

gerds books teil 1 von 3 (1.11.24)

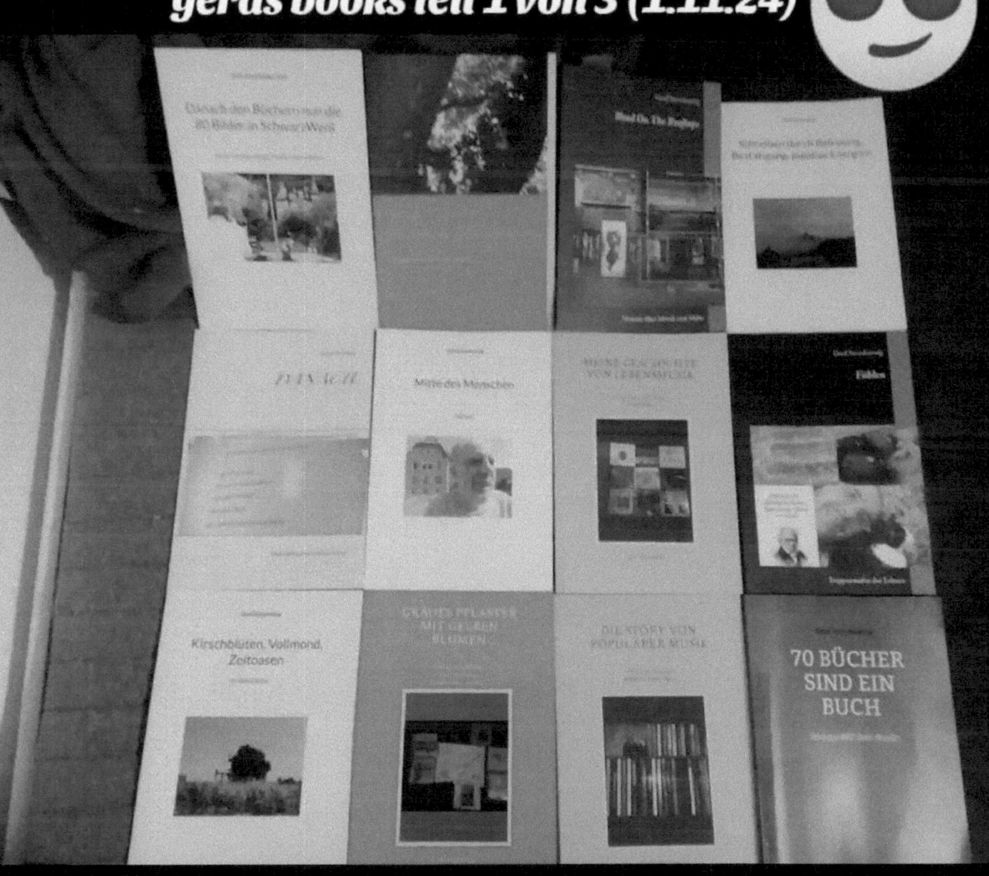

@ gerd.stein1

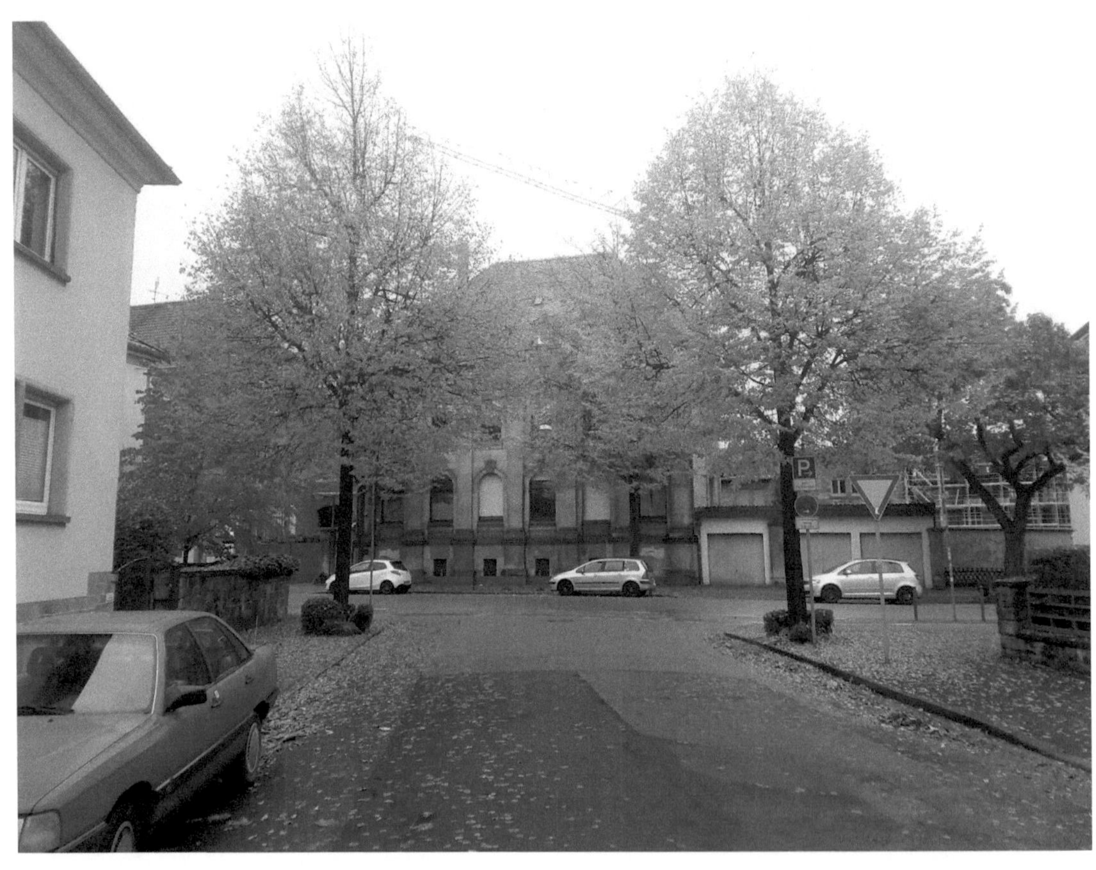

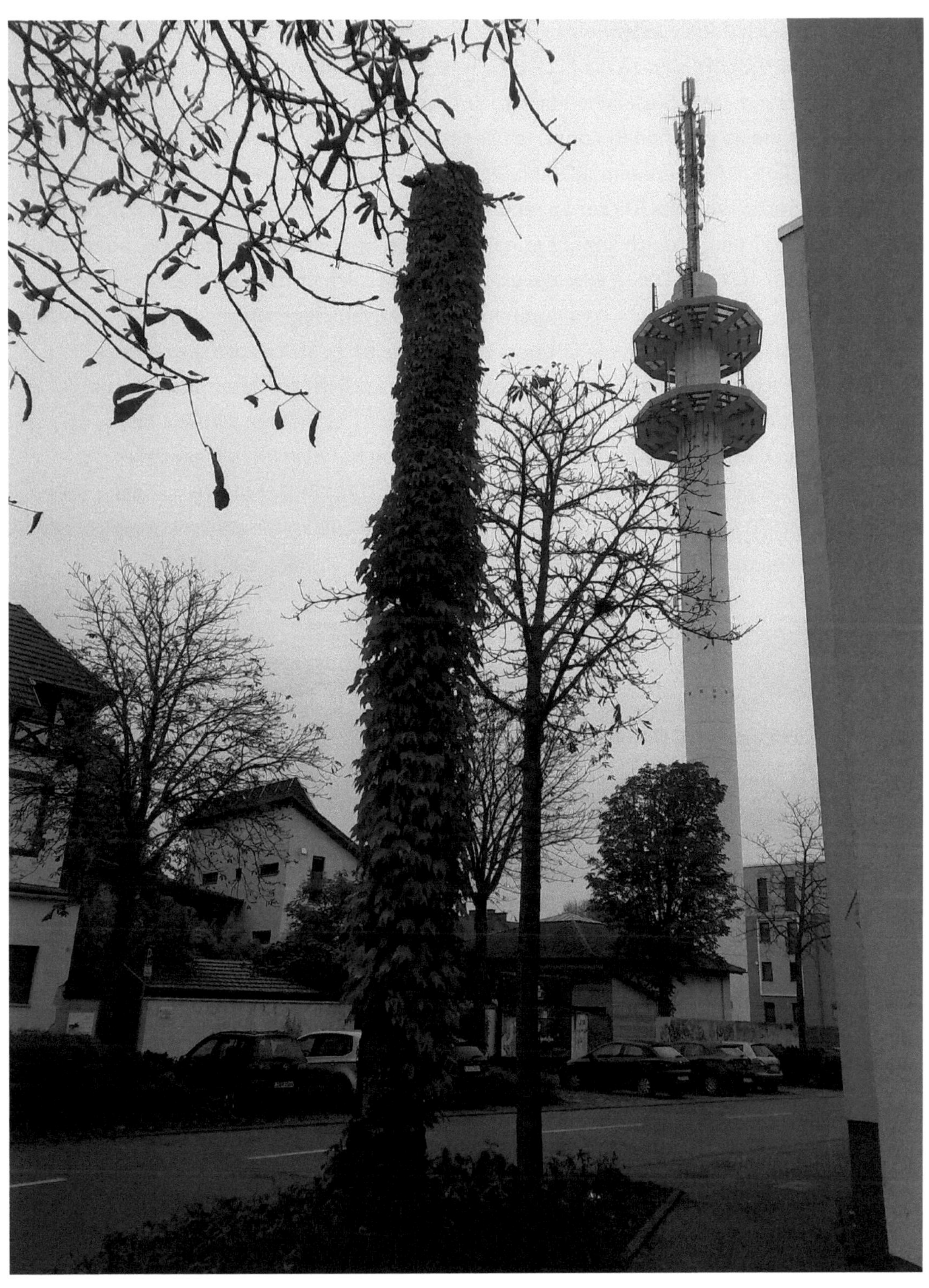

Ich habe den "Übergang" geschafft! Natürlich hatte ich einige kreative, spontane Sachen - aber nix mit neuem Buch! Im Endeffekt war das seit 2017 - und der Mensch ist ein Gewohnheitstier... Im letzten 70. veröffentlichten Buch "70 Bücher sind ein Buch" (146 Seiten, DIN A 4) war "alles" dabei im Schlusspunkt. Es ist quasi eine Zusammenfassung meiner 3 Hauptthemen (Schlaganfall Zeit Musik) mit weiteren Ecken inkl meiner Fotos.

Jedesmal hatte ich doch wieder vergessen - aber es heißt ja: 70 Bücher sind ein Buch! In den anderen 69 ISBN-Books sind zB die ZEIT-Lyric (erstellt 2012 im Wochenblatt KL), Lebenssonne-Lyric, viele Musikalben-Listen, Erinnerungen/Erlebnisse von der Globetrotter-Tour 1986 bis meine gesehenen Konzerte (Genesis, Pink Floyd, Jethro Tull, Neil Young etc etc) bis Jobs (von JVA Mannheim, ROB KL, Referat Kultur KL, Seniorenheim AW etc etc) bis Old Vienna/ Smile/Why Not/Dicker Engel und und..., über meine ersten Tage nach meinem Schlaganfall 2017 und und. Ich könnte immer wieder schreiben über dies & das, aber mit knapp 65 Jahren ist mein Leben eine neverending Story... Ich durfte das alles schreiben über mich mit Lyrics, Prosaen, Fotos, und durch meine Kreativausflüge zB ein kleines Romänchen oder meine Pseudonyme Michelle Connery (meine Seele), Beatrice Farber (meine Zeitläuferin)... Ich hab noch schnell ein NOisbnBuch, also OHNE Veröffentlichung, als SchlusspunktZusammenfassung (zB die 75 YouTube Songs zu meinen 70 ISBN-Books etc). Das NOisbnBuch wird aufgenommen zu den 70 ISBN-Bücher, wie mein legendäres NOisbnBuch Das Eichhörnchen aus der Dimension (2017/2018). Für die Zeitkapsel für die ewige Zukunft: 70 ISBN-Books und 2 NOisbnBücher = The Life To Gerd Steinkoenig! That's all, folks! All You Need Is Love (The Beatles 1967) C P Gerd Steinkoenig 191024

Kommentare

Gerd Stein

Foto: Landau in der Pfalz, Oktober 2024, by Gerd

OK OK!! Doch nochmal ISBN-Buch Nr 71... Zwischendrin war noch ein NO-isbnBuch...

Gerd Steinkoenig

Keine Veröffentlichung

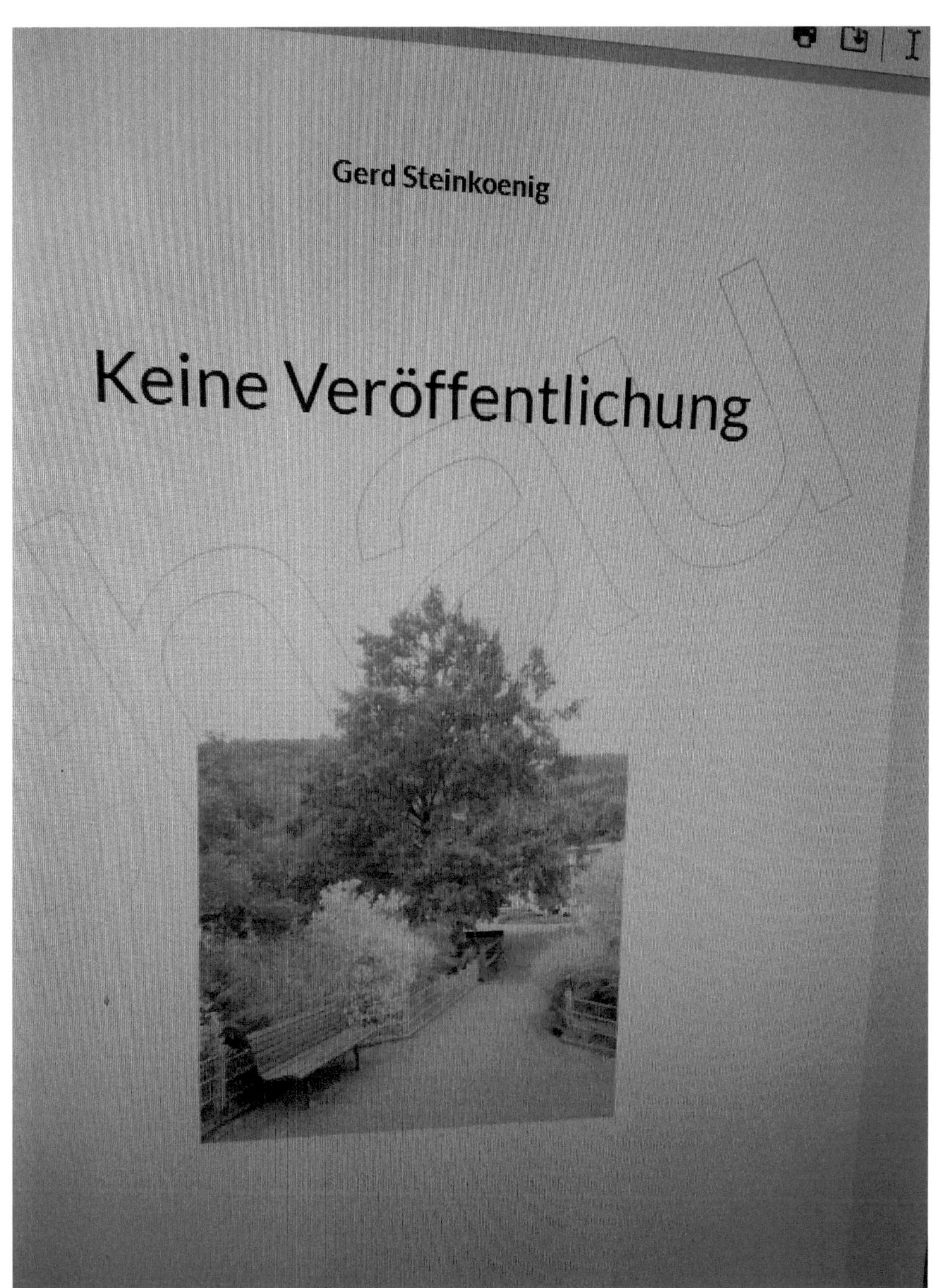

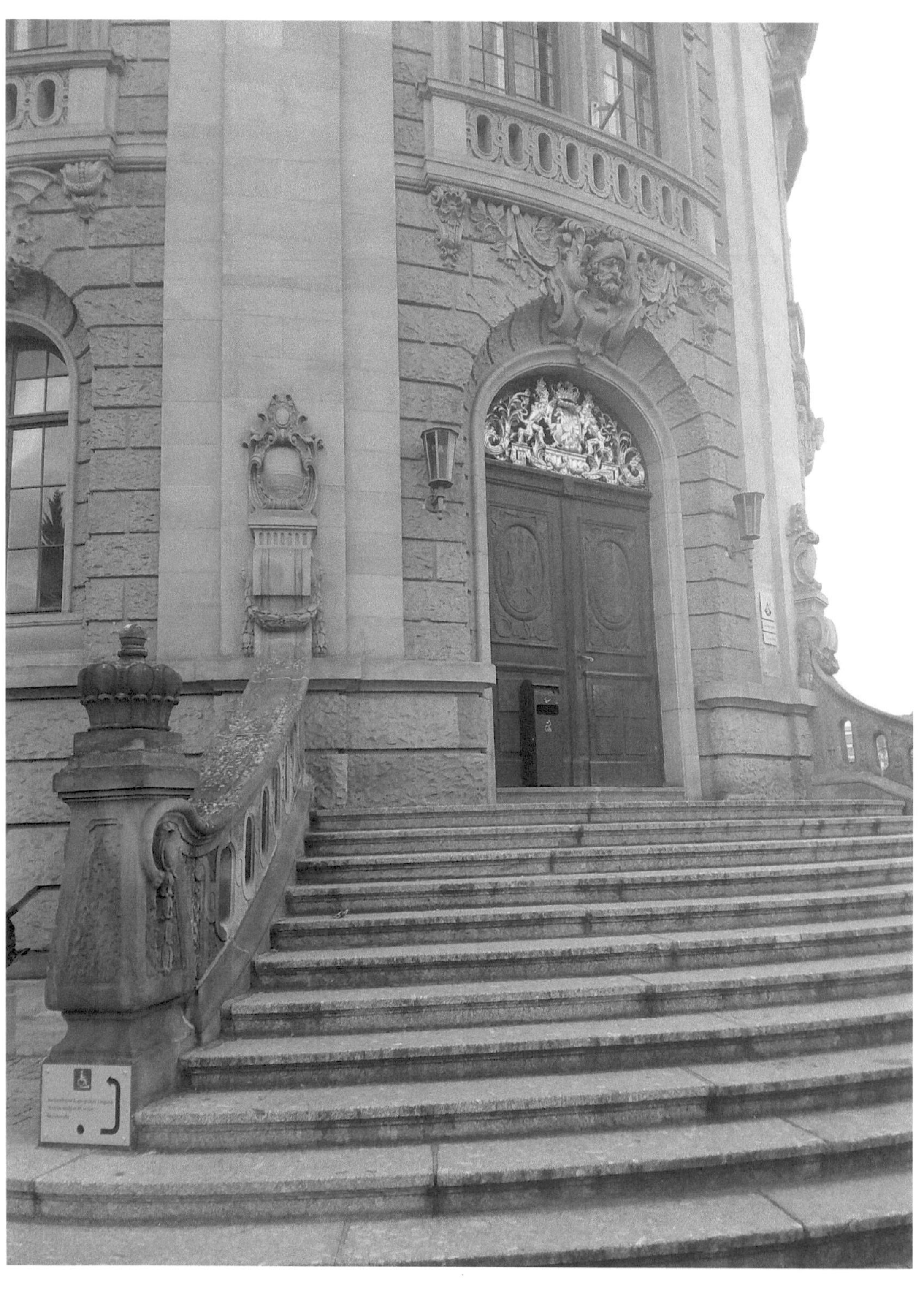

Amtsgeriche Landau idPf 22.10.2024

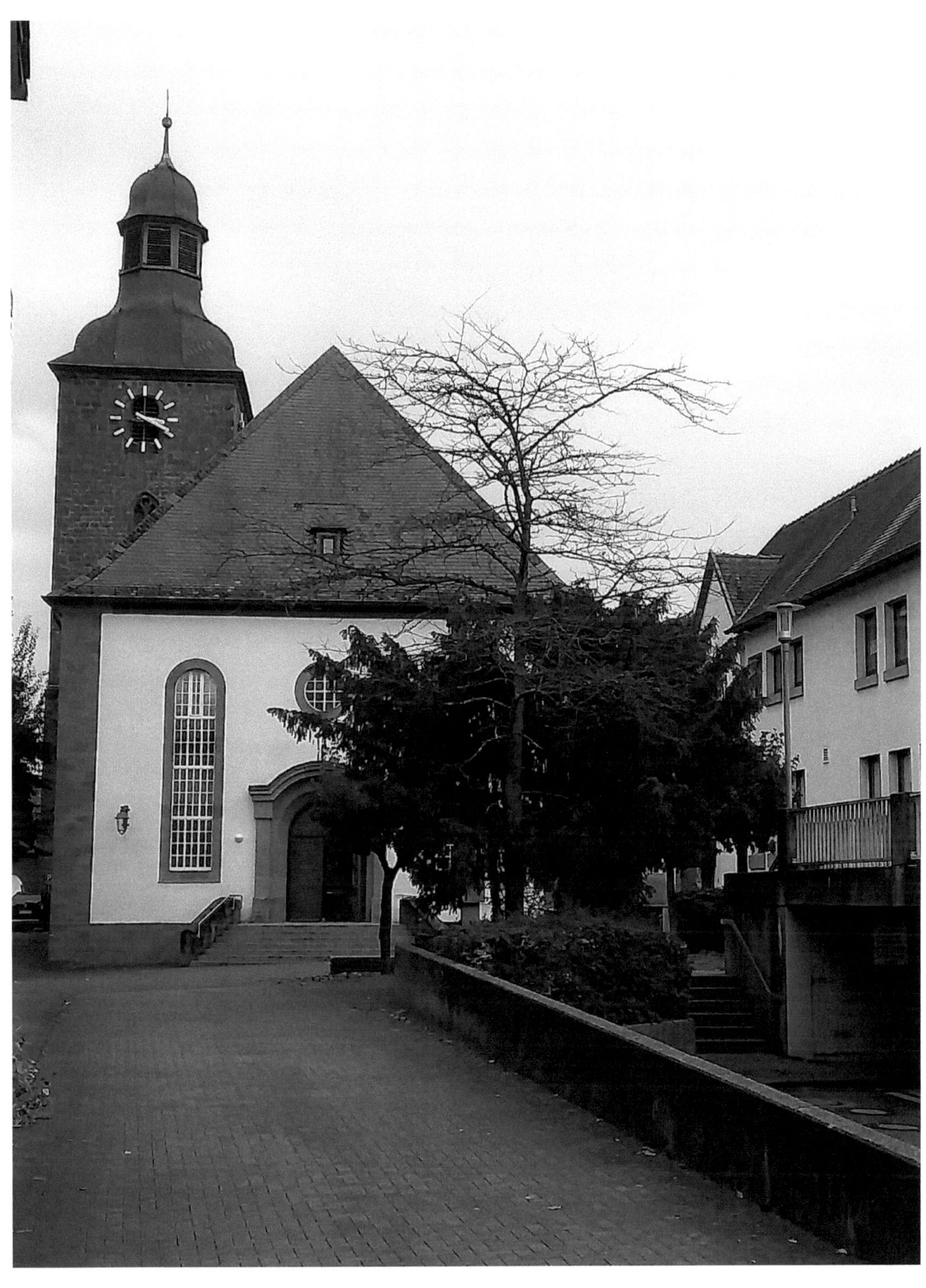

Annweiler am Tr 24.10.2024

C P Gerd Steinkoenig, 12. November 2024 (Annweiler am Trifels)

Verlag: BoD · Books on Demand GmbH, In de Tarpen 42,
22848 Norderstedt
Druck: Libri Plureos GmbH, Friedensallee 273, 22763 Hamburg
ISBN: 978-3-7693-1373-4

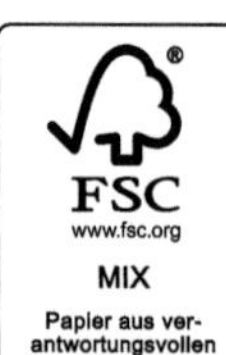